W0265465

Oberösterreich
Steiermark
Kärnten
ALZBURG
Straßwalchen
Köstendf.
Irrsdorf
Wallersee
Henndf.
Plainfeld
Thalgau
Salzburgring
Koppl
Hof b. S.
Ebenau
Fuschlsee
Fuschl a. S.
Burgau
St. Gilgen
Fürberg
Faistenau
Hintersee
Wolfgangsee
St. Wolfgang
Osterhorn Gruppe
Krispl
Abersee
Hallein
Postalm
Trattberg
2028 Gamsfeld
St.Koloman
Kuchl
Golling
Scheffau a. Tennengeb.
Rußbach
Abtenau
Paß Lueg
Tennengeb.
Annaberg
Lungötz
St. Martin a.Tennengeb.
2995
Hoher Dachstein
Werfenweng
Filzmoos
Eben im Pongau
Hüttau
Radstadt
St.Johann im Pongau
Reitdorf
Altenmarkt
Forstau
Alpendf.
Wagrain
1991 Grießen-kareck
Flachau
Taurachbach
Kleinarl
Zauchensee
Enns
Kleinarltal
Großarl
Obertauern
1739
Radstädter Tauern
Draugstein 2366
Mosermandl 2680
Tauerntunnel
Tweng
Hüttschlag
Großarlbach
Taurach
Lessach
Prebersee
Göriach
St. Andrä i.L.
Seetal
Lungauer Tälerbusse
Zederhaus
Mauterndf.
Tamsweg
Unternbg.
Badgastein
Muhr
Rotgüldensee
Mur
Katsch-berg
Auto-Bahnverladung
Karneralm
Schönfeld
A1
A10
158
154
162
166
146
311
99
95
96
167
1

Literarische Reisen
durch Salzburg

Wegen der Gegend

Herausgegeben von Barbara Higgs
und Wolfgang Straub

Fotos von Paul Albert Leitner
und Jo Pesendorfer

Eichborn.

Wir danken

Barbara Brank, dem Bundeskanzleramt – Kunstsektion, den Fremdenverkehrsbetrieben der Stadt Salzburg, Herwig Gottwald, Friedrich Harrer, Michael Hecht, Hildemar Holl, Mirjam Jessa, Ingeborg Kaut, Wolfgang Pfeifenberger, Gisela Prossnitz, Renate Ratzenböck, Hans Reschreiter, Georg Rigele, der Salzburger Landesregierung – Kulturreferat, der Salzburger Land Tourismus GmbH, Norbert Seifner, Rainer Straub, Birgit Trinker und Heimo Wallner

Inhalt

Fusch, Musikkapelle

Festung Hohensalzburg

Vorwort

Dem Genius loci der Stadt Salzburg begegnet man auf Schritt und Tritt: Wolfgang Amadeus Mozart. Zwar prägt Alexander von Humboldts Ausruf von »einem der schönsten Orte der Welt« wie auch die einzigartige Architektur des »Rom des Nordens« oder gar der, vor allem in Übersee so populäre Musical-Film »The Sound of Music« das Bild Salzburgs in der Welt, aber ohne Mozart hätte die Stadt niemals diese Berühmtheit erlangt. Ohne ihn gäbe es auch nicht das wohl international renommierteste Festival – die Salzburger Festspiele. Mozart selbst wurde der Kleinstaat Salzburg mit dem absolutistisch regierenden Erzbischof bald zu eng, die briefliche Niederschrift des sehr emotionalen Abschieds im Streit bildet den Beginn unserer literarischen Reisen.

Die Emigration Mozarts blieb jedoch eine Ausnahme, Salzburg war durch die Jahrhunderte stets ein bedeutendes kulturelles Zentrum. Der beliebteste deutschsprachige Dichter des Spätmittelalters, der »Mönch von Salzburg«, schrieb am Salzburger Hof seine lebensfrohen Lieder; seit dem Beginn des 19. Jahrhunderts war ein Besuch der Salzachstadt und ihrer Umgebung ein Muß für Bildungsreisende. Viele Künstler ließen sich hier nieder, in unserem Jahrhundert taten dies etwa die Schriftsteller Stefan Zweig und Peter Handke. Die Auswahl aus der großen Anzahl literarischer Zeugnisse zur Stadt Salzburg war keine leichte, die Aufnahme eines Textes von Thomas Bernhard scheiterte an den Nachlaßverwaltern.

Egon Erwin Kisch fing sich, wie er in »Marktplatz der Sensationen« schreibt, eine Ohrfeige ein, weil er beim Lernen die banale Tatsache »Salzburg ist die Hauptstadt von Salzburg« laut rezitierte. Das Land Salzburg wird von außen oft mit der Landeshauptstadt gleichgesetzt, aber gerade unter dem Titel »Wegen der Gegend« ist es uns ein ganz wesentliches Anliegen, das ganze Bundesland durch die Augen der Literaten vorzustellen.

Wir haben die fünf politischen Bezirke in zwei Kapitel zusammengefaßt. »Vor dem Hochgebirge« stellt Flachgau und Tennengau vor und führt den Reisenden vom Salzkammergut über das Voralpenland bis an den Rand der sich aufbäumenden Kalkberge. »Im Gebirge« begleitet durch Pongau, Pinzgau und Lungau und stellt zu den pittoresken Landschaften einen Einblick in die Lebenssituation der Gebirgsbewohner her.

Die teilweise gekürzten Texte sind vielfältiger Natur: neben einem Industrieroman und den geläufigen literarischen Formen steht eine Regierungsverordnung und ein barockes Mirakelbuch.

Um das Weiterlesen der zitierten Bücher zu erleichtern, findet sich auf den letzten Seiten ein Autoren- und Quellenverzeichnis. Die »Adressen und Hinweise« enthalten Informationen zu den erwähnten Sehenswürdigkeiten, Forschungsstellen, Veranstaltungsorten sowie die örtlichen Tourismusverbände.

Wir wünschen vergnügliche literarische Reisen durch Salzburg. Es gibt viel zu erkunden durch die Augen der Dichter.

Barbara Higgs, Wolfgang Straub, Sommer 1999

I. Salzburg – Stadt

Blick auf Salzburg vom Kapuzinerberg

W. A. Mozart: Brief an Erzbischof Colloredo

Es ist kein Zufall, daß der einzige erfolgreiche Pop-Star, den Österreich je hatte, mit einem Song namens »Amadeus« international reüssierte. Der 1998 verstorbene »Falco« und sein Hit sind nur ein Beispiel unter vielen für die Vermarktungschancen rund um den berühmtesten aller Österreicher. Dabei war Mozart genaugenommen gar kein Österreicher, denn Salzburg blieb bis 1803 ein selbständiger Kleinstaat mit dem Erzbischof als geistliches und weltliches Oberhaupt. Der Vater Mozarts stand im Dienst des Bischofs, von Mozart wurde ebenfalls Loyalität und Gehorsam erwartet. 1777 quittierte der »größte Sohn Salzburgs« jedoch erstmals die Stellung. Nach weiteren Auslandsaufenthalten und dem Tod der Mutter unternahm er knapp zwei Jahre später einen erneuten Anlauf und suchte untertänigst um die Stelle des Hoforganisten an.

Salzburg, Januar 1779

Ihro Hochfürstlich Gnaden!
Hochwürdigster des Heil. Röm. Reichs
Fürst!
Gnädigster Landes Fürst und Herr
Herr!

Euer Hochfürstlich Gnaden etc. hatten die Höchste Gnade nach dem Absterben der Cajetan Adlgassers in Höchstdero Dienste mich gnadigst anzunehmen: Bitt dennoch unterthänigst als Höchstdero Hoforganisten mich gnädigst zu decretiern. dahin, als zu all andern Höchsten Hulden und Gnaden mich in tiefester Untertänigkeit empfehle

Euer Hochfürstlich Gnaden
meines gnädigsten Landes Fürsten
und Herrn Herrn
unterthanigster und gehorsammster
Wolfgang Amadé Mozart

W. A. Mozart: Brief an Leopold Mozart

Die Unstimmigkeiten zwischen Erzbischof Colloredo und seinem Hofmusiker nahmen ständig zu, 1781 kam es zum endgültigen Bruch, der Komponist übersiedelte nach Wien. In den Briefen an den Vater, der für ihn immer wesentliche Instanz blieb, stellte Mozart seine Sicht des Zerwürfnisses – gekränkt und wütend zugleich – dar.

vienne ce 12 de May 1781

Mon très cher Père!

Sie wissen aus meinem letzten schreiben daß ich den fürsten um meine Entlassung gebeten habe – weil er mir es selbst geheissen hat. – denn, schon in den 2 Ersteren audienzen sagte er mir; scherr er sich weiter, wenn er mir nicht recht dienen will; er wird es freylich läugnen, aber deswegen ist es doch so wahr als gott im Himmel ist. – was wunder denn, wenn ich es

Endlich, (durch Bube, schurke, Pursche, liederlicher kerl, und dergleichen mehr im Munde eines fürsten rühmliche Ausdrücke ganz ausser mir) das scherr er sich weiter, endlich für bekannt angenommen habe. – Ich gab den folgenden tag dem graf Arco eine Bittschrift um Sie S: H: gnaden zu überreichen; und auch wieder das Reisegeld, welches in 15 fl: 40x: als das diligence geld, und 2 Duckaten verzehrungsgeld, besteht. – Er nahm mir beydes nicht an; sondern versicherte mich daß ich gar nicht Quittiren könnte, ohne ihre Einwilligung zu haben mein vatter. – das ist ihre schuldigkeit sagte er mir; – Ich versicherte ihn gleichfalls, daß ich so gut als er und vielleicht besser meine schuldigkeit gegen meinen vatter kenne – und es wäre mir sehr leid wenn ich sie erst von ihm lernen müsste. – gut also, sagte er; ist er damit zufrieden, so können sie ihre entlassung begehren, wo nicht, so können sie sie – auch begehren. – eine schöne Distinction! – alles was mir der Erzbischof in den drey audienzen erbauliches sagte, besonders in der letzten – und was mir izt wieder dieser herrliche Mann gottes Neues erzehlte, machte eine so trefliche wirkung auf meinen körper daß ich abends in der opera mitten im Ersten ackte nach hause gehen musste, um mich zu legen, – dann ich war ganz erhitzt – zitterte am ganzen leibe – und taumelte wie ein besoffener auf der gasse – blieb auch den folgenden tag als gestern, zu hause – den ganzen vormittag aber im Bett, weil ich das tamarinden wasser genommen. –

Ich will nur, ohne mich zu beeifern, denn mir ist meine gesundheit und mein leben lieber – (ist mir leid genug wenn ich dazu gezwungen bin) ich will also nur noch den hauptvorwurf, den man mir über meine bedienung machte, hersetzen. – Ich wuste nicht daß ich kammerdiener wäre, und das brach mir den hals – ich hätte sollen alle Morgen so ein Paar stunden in der ante Camera verschleudern – man hat mir freylich öfters gesagt, ich sollte mich sehen lassen – ich konnte mich aber niemalen erinnern daß dies mein dienst seye, und kamm nur allzeit richtig wenn mich der Erzbischof rufen ließ. –

Nun will ich ihnen nur kurz meinen unbeweglichen Entschluß vertrauen, so aber daß es die ganze weite Welt hören mag; – wenn ich beym Erzbischof v: Salzburg 2000 fl. gehalt bekommen kann, und in einem andern ort nur 1000 – so gehe ich doch in das andere ort. – denn für andern 1000 fl. genüsse ich meine gesundheit und zufriedenheit des gemüths. – ich hoffe also bey aller vätterlichen liebe die sie mir von kindheit auf im so hohen Grade erwiesen haben, und wofür ich ihnen zeit lebens nicht genug dankbar seyn kann (am allerwenigsten aber in Salzburg) daß, wenn sie ihren Sohn gesund und vergnügt haben wollen, mir – von dieser ganzen Sache gar nichts zu schreiben, und sie ganz in die tiefeste vergessenheit zu vergraben – denn, ein Wort davon wäre schon genug um mir wieder Neuerdings, und ihnen selbst – gestehen sie es nur – ihnen selbst – galle zu machen. Nun leben sie recht wohl, und freuen sie sich daß sie keinen h:fot zum Sohne haben; ich küsse ihnen 1000mal die hände, und meine liebe schwester umarme ich von herzen und bin Ewig Dero

gehorsamster Sohn
Wolfgang Amadé Mozart

Peter Handke:
Nachmittag eines Schriftstellers

Den besonderen Reiz Salzburgs machen wohl die beiden »Berge« aus, um die die Stadt gebaut wurde. Die eiszeitlichen Moränenhügel, Mönchsberg und Kapuzinerberg, bilden grüne Oasen inmitten der Stadt – zwei einzigartige natürliche Parks. Mit der Festung Hohensalzburg grenzen sie die Altstadt ein und sind zugleich Bestandteil der Stadtarchitektur. Abgesehen von Befestigungsanlagen befinden sich nur wenige Gebäude auf den beiden Erhebungen. In der Abgeschiedenheit »über« dem Getriebe und mit Blick auf die Schönheiten Salzburgs zu wohnen ist besonderes Privileg, das Peter Handke während seiner »Salzburger Jahre« (1979–1988) genossen hat. In vielen der hier entstandenen Werke sind Salzburg-Bezüge zu finden. So wird in »Nachmittag eines Schriftstellers« etwa der Abstieg vom »Parkwald« des Mönchsbergs in das »Gedränge« der Altstadt beschrieben.

Blick vom Mönchsberg auf den Dom

Obwohl sein Haus oben auf dem Hügel lag, mit den Fenstern frei nach allen Himmelsrichtungen, hatte er von dort den ganzen Tag keinen rechten Blick für die Weite gehabt. Erst mit dem Abstieg und der Menschennähe kam jetzt die Fernsicht. (Mied er daheim nicht auch die Dachterrasse – um die ihn die Besucher sozusagen beneideten –, weil er sich in dem Panorama dort zu entrückt fühlte, und benutzte den Ort nur zum Wäscheaufhängen?) So zeigten sich in dem Gebirge, aus welchem der Fluß brach, ein gläsernes Schneefeld und, zur anderen Hand, am Rand der Ebene mit den letzten Ausläufern der Stadt, ein wie mit dem Kohlestift gezogener Moränenbogen. Er spürte dabei zum Greifen die Flechten und Moose unter dem Schnee und den in die Moräne eingeschnittenen Wiesenbach, mitsamt den Eisvorsprüngen an den Ufern, wo das Wasser klickte. Jenseits der Wohnblöcke an der Peripherie wurde noch eine Reihe kleinerer Siedlungshäuser deutlich, die sich aber bei näherem Hinschauen durch die Gegend bewegten: Dort gab sich die Autobahn zu erkennen mit den unhörbar rollenden Lastern; und momentlang vibrierte es in seinen Armen, als säße er als Fahrer mit in einer Kabine. Neben den Schloten des Industriegebiets in einem Streifen des Niemandslands dort, einer Steppe, überwuchert mit Büschen, flammte ein Rotlicht auf, und der dunkle Container dahinter zeigte sich dann als ein stehender Zug, der sich mit dem Umspringen des Signals, zunächst fast unmerklich, heranschob und vergrößerte. Die Mehrzahl der Reisenden hatte sich schon die Mäntel angezogen und bereitete sich auf das Aussteigen an dem Hauptbahnhof vor. Eine Kinderhand suchte die Hand eines Erwachsenen. Die Weiterfahrenden streckten die Beine aus. Der Kellner im fast leeren Speisewagen, schon seit dem frühen Morgen im Dienst, trat hinaus in den Korridor, kurbelte das Fenster herab und ließ sich von der Fahrtluft anwehen, während der Abwäscher, ein älterer Südländer, ohne zu blinzeln in seiner Nische vor sich hinschaute und eine Zigarette rauchte. Zugleich mit diesen Fernbildern (»Ferne, mein Stoff«) sah der Schriftsteller über den Dächern der Innenstadt eine Steinstatue, die sich, einen eisernen Palmzweig in der Hand, über einer Kirchenkuppel vom Himmel abhob, umringt von Assistenz-Figuren, als drehe sich da ein Reigen.

Den letzten Teil des Hügelwegs ging es hinab über eine Treppe, gesäumt von jahrhundertealten Stadthäusern. Terrassengärten sprangen im oberen Abschnitt hier und da gegen das Stiegengeländer vor wie eine Folge von Zugbrücken. In den unteren Etagen, nah an dem Felshang, waren in allen Räumen die Lichter an, wohl schon seit dem Morgen. Jeder Absatz der Stufen gab den Einblick in ein tieferes Stockwerk. Eine Tischlampe warf einen Kreis auf einige aufgeschlagene Bücher, die der daran Sitzende, reglos wie er war, mehr zu betrachten als zu studieren schien. Eine Frau, wie gerade erst zur Tür hereingetreten, stand noch in Mantel und Hut, die Tragtasche schwer in der Hand. Ein Weißhaariger mit Hosenträgern und aufgekrempelten Hemdsärmeln durchquerte mit einer Kaffeekanne langsam sein Zimmer, ein paar Stufen weiter treppab gefolgt von einem großen weinenden Gesicht in einem Fernseher-Viereck hinter einem durchbrochenen Vorhang. Auf dem letzten Absatz schließlich die Erdgeschosse, sämtlich Büro- oder Amtsräume, im Neonlicht: die Gummibäume, die Aktenordner, die Wandstelle mit den Ansichtskarten; die vielen, die da heimisch waren, und der einzelne unbeholfene, vor den Angestellten immer wieder zur Seite tretende Fremdling; der Anschein von Wohnlichkeit durch die gelockerte Krawatte des einen, die offenen Haare der anderen, die in der Flasche auf der Fensterbank aufgeblühten Dezemberzweige. Es war auch, als sei es hier in der Nähe der Behausungen von Absatz zu Absatz wärmer geworden: in der Höhe, am nackten Fels, die säulendicken Eiszapfen, und darunter, in den Gärten, neben den üblichen Buchsbüschen und Fichtenhecken schon einzelne Palmstümpfe und, wenn auch mit Plastikplanen geschützt, die kugeligen, grünleuchtenden Lorbeerbäume.

So, sich unbemerkt glaubend von der Umwelt, hielt der Schriftsteller gleichsam seinen Einzug in die Stadt. Sein Ziel war eine Gaststätte, weniger aus Hunger oder Durst als aus dem Bedürfnis, an einem öffentlichen Ort zu sitzen und ein wenig bedient zu werden; es war ihm nach den langen Stunden allein im Zimmer, als habe er sogar einen Anspruch darauf.

Georg Trakl: St.-Peters-Friedhof

Das Geburtshaus Georg Trakls liegt inmitten der Altstadt am Waagplatz – heute ist es als Forschungs- und Gedenkstätte ausgebaut. Seinen Gedichten begegnet der aufmerksame Spurensucher in der Innenstadt auf Schritt und Tritt, Verse mit Bezug zum jeweiligen Ort wurden in Steinplatten gestanzt – wie das 1909 erschienene Gedicht »St.-Peters-Friedhof«. Die formstrenge Lyrik führt in den ältesten sakralen Bezirk Salzburgs: zur barockisierten Kirche St. Peter, die auf eine Gründung des Landespatrons, Bischof Rupert, um das Jahr 696 zurückgeht, sowie in den verschwiegenen Friedhof mit seinen Gruftarkaden.

Ringsum ist Felseneinsamkeit.
Des Todes bleiche Blumen schauern
Auf Gräbern, die im Dunkel trauern –
Doch diese Trauer hat kein Leid.

Der Himmel lächelt still herab
In diesen traumverschlossenen Garten,
Wo stille Pilger seiner warten.
Es wacht das Kreuz auf jedem Grab.

Die Kirche ragt wie ein Gebet
Vor einem Bilde ewiger Gnaden,
Manch Licht brennt unter den Arkaden,
Das stumm für arme Seelen fleht –

Indes die Bäume blüh'n zur Nacht,
Daß sich des Todes Antlitz hülle

St.-Peters-Friedhof

In ihrer Schönheit schimmernde Fülle,
Die Tote tiefer träumen macht.

Stefan Zweig: Die Welt von Gestern

Vis-à-vis von Peter Handkes Mönchsberg wohnte Stefan Zweig ebenfalls einige Zeit in altem Gemäuer auf dem zweiten »Stadtberg«, dem Kapuzinerberg. Dort erwarb er 1917 das »Trompeterschlößchen«, wo er von 1919–1934 lebte. Zweig verbrachte hier produktive und sicher auch glückliche Zeiten. Das Herrenhaus beherbergte illustre Gäste, von Romain Rolland über H. G. Wells und James Joyce bis zu Franz Werfel und Thomas Mann. Nach einer Hausdurchsuchung 1934 – Österreich wurde bereits autoritär regiert – verließ der Kosmopolit die Stadt für immer. In seinem Erinnerungsbuch »Die Welt von Gestern« nennt er als Grund für die Wahl Salzburgs als Wohnort die ideale Lage und erwähnt die Nähe zum Berchtesgadner Obersalzberg, eine düstere Vorahnung.

Der Stefan-Zweig-Weg
auf den Kapuzinerberg

Ich hatte mir während des Krieges in Salzburg ein Haus gekauft, denn die Entfernung von meinen früheren Freunden wegen unserer gegensätzlichen Einstellung zum Kriege hatte in mir das Verlangen erweckt, nicht mehr in großen Städten und unter vielen Menschen zu leben; meine Arbeit hat später auch überall Nutzen von dieser zurückgezogenen Lebensform gehabt. Salzburg schien mir von allen österreichischen Kleinstädten nicht nur durch seine landschaftliche, sondern auch durch seine geographische Lage die idealste, weil am Rande Österreichs gelegen, zweieinhalb Eisenbahnstunden von München, fünf Stunden nach Wien, zehn Stunden nach Zürich oder Venedig und zwanzig nach Paris, also ein richtiger Abstoßpunkt nach Europa. Freilich war es damals noch nicht die durch ihre Festspiele berühmte (und im Sommer snobistisch sich gebärdende) Rendezvousstadt der ›Prominenten‹ (sonst hätte ich sie mir nicht als Arbeitsort gewählt), sondern ein antiquarisches, schläfriges, romantisches Städtchen am letzten Abhange der Alpen, die dort mit Bergen und Hügeln sanft in das deutsche Flachland übergehen. Der kleine bewaldete Hügel, auf dem ich wohnte, war gleichsam die letzte abklingende Welle dieses gewaltigen Bergzugs; unzugänglich für Autos und nur auf einem drei Jahrhunderte alten Kalvarienweg mit mehr als hundert Stufen zu erklimmen, bot er als Entgelt für diese Mühsal von seiner Terrasse einen zauberhaften Blick über Dächer und Giebel der vieltürmigen Stadt. Dahinter weitete sich das

Panorama über die glorreiche Kette der Alpen (freilich auch auf den Salzberg bei Berchtesgaden, wo ein damals völlig unbekannter Mann namens Adolf Hitler mir bald gegenüber wohnen sollte). Das Haus selbst erwies sich als ebenso romantisch wie unpraktisch. Im siebzehnten Jahrhundert Jagdschlößchen eines Erzbischofs und an die mächtige Festungsmauer angelehnt, war es zu Ende des achtzehnten Jahrhunderts zur Rechten und zur Linken um je ein Zimmer erweitert worden; eine prächtige alte Tapete und eine bemalte Kegelkugel, mit der Kaiser Franz 1807 bei einem Besuche in Salzburg eigenhändig im langen Gang dieses unseres Hauses Kegel geschoben, nebst einigen alten Pergamenten der verschiedenen Grundrechte waren sichtbare Zeugen seiner immerhin stattlichen Vergangenheit.

Jakob Haringer: Hellbrunn

Der Dichter Jakob Haringer (1898–1948) führte ein unstetes, legendenumwobenes Leben, er sah sich selbst gerne in der Rolle eines gebildeten Lumpen oder vagabundierenden Intellektuellen. Salzburg war zeitlebens das Epizentrum seines Schaffens. Er verlebte hier seine Kindheit und Jugend; in den zwanziger Jahren »umkreiste« er mit wechselnden Wohnorten im Flachgau die Stadt. Ebenso wie seine Biographie ist sein Werk schwer zu fassen (Leben und Dichtung sah er als Einheit an). Zum einen schuf er vieles, das etwa Peter Härtling als »töricht und vergessenswert« bezeichnet, zum anderen begeisterte er Kollegen wie Alfred Döblin und schrieb Texte, die – nach Härtling – »Originalität und das merkwürdige Talent eines Mannes bezeugen, dessen Sehnsucht kein Ziel, dessen Armut keinen Grund und dessen Frömmigkeit kaum Antwort gefunden hatte«. Eine Konstante hat sein ambivalentes Werk: Salzburg bleibt der Ort seiner Erinnerungen und Sehnsüchte. In diesem Gedicht beschwört er den »Park meiner Kindheit« – die Gartenanlage und Wasserspiele um das Schloß Hell-

Schloßpark Hellbrunn

brunn, eine unter Erzbischof Markus Sittikus nach italienischen Vorbildern 1613–1619 angelegte »Villa suburbana«.

Park meiner Kindheit! Deine zarten Blicke
Betörn mich wieder, als sei nichts geschehn;
Laß mich, so tot von all dem Weh und Glücke,
Als welkes Blatt in deinen Weiher wehn!
In deinen Grotten schlafen meine Träume –
Die reinen, die mir wohl ein Stern geschenkt,
Das weiß ich aber nicht, die schönen Träume ...
Sie sind verschwunden, weil ich sie gekränkt.
Und deiner Wunder zarte Frühlingsreden
Erstarben auch und meine Schwärmerein.
O Park! Verzeih mir all mein wildes Leben:
Ich durft ja keine deiner Blumen sein!

Mönch von Salzburg:
Lied

»Der Mönch von Salzburg ist zweifellos der wichtigste deutsche Dichterkomponist des 14. Jahrhunderts und der erfolgreichste deutsche Lyriker des Mittelalters.« (Franz V. Spechtler) Seine Lieder sind in über 100 – jene Walthers von der Vogelweide in 31 – Handschriften überliefert. Aber dieser populäre Dichter blieb bis heute ein Phantom. Es spricht viel dafür, den Autor und Komponisten der lebensfrohen Lieder in Erzbischof Pilgrim II. (Amtszeit 1365–1396) zu sehen. Im nachfolgenden Liebeslied bezeichnet er sich jedenfalls selbst als Verfasser. Die Erwähnung des südlich des Stadtzentrums gelegenen Schlosses Freisaal (»Freudensaal«) verweist auf die prunkvolle Hofhaltung des Landesfürsten, das im 19. Jahrhundert renovierte und ausgebaute Schloß diente als Lustschloß, nach der Ernennung zum Erzbischof und nach längeren Reisen als Station vor dem feierlichen Einzug in die Stadt.

Der tenor haist der freudensal
nach einem lusthaws pey Salzburg
und ist gemachet zu Prag
da dar von Salzburg der was komen
zu kaiser Wenczla der ym abhold was
und verpot ym holcz zu bringen
do schuf der von Salzburg zu kauffen
als vil nuss das er genug het
zu brennen in seiner kuchen

Dem allerlibsten schönsten weib
im freudensal frau eren gail
send ich den brif daran ich schreib
mein dinst gelük und alles hail
zärtlicher freuden anevank [abegank
wiss das mein hercz und mein gedank an
sich sent das mir dy weil ist lank

wann mensch auf erd ward ny so zart
mich freu vil pas dein weis und wart
du pist frau auf der eren pfat
gewönlich kommen und von art
ny weib gesach ich gerner zwar

Verd vasnacht may und ander zeit
sich fügten das ich dich nicht sach
der liben stund ich kaum erpeit
dy mir benem den ungemach
was ich sih freuden überal [wal
dy ist meins herczen pitter qual in liber
pist du meins herczen freudensal
wann lib noch laid mir das erwert
wy vast mein hercz in senen dert
bedenk was ich von erst erpat
da mein hercz nymands me begert
denn dein zu trost besunder war

Nu pit ich dich durch all dein güt
das du gedenkest frau an mich
erfreu mir kürczlich mein gemüt
das ich mit lib müg sehen dich
ob es dem klaffer nicht gevelt
doch hab ich mich zu dir geselt frau auserwelt
ich wünsch dir hail das nicht entwelt
das dich vermeiden müss all we
dein antwurt schreib mir libstes E
mir Pilgreim her gen senen stat
gegebn da man zalt M dreu C
vor vasnacht zwayundneunczig iar

(Das Lied heißt »Der Freudensaal« – nach einem Lustschloß bei Salzburg. Es wurde in Prag gedichtet, als »der von Salzburg« zu Kaiser Wenzel kam, welcher ihm feindlich gesinnt war und verbot, ihm Holz zu bringen. Da veranlaßte »der von Salzburg«, so viele Nüsse zu kaufen, daß er genug hatte, um seine Küche zu heizen.

Schloß Freisaal

Der allerliebsten Frau in Schloß Freudensaal, der an Ehren reichen Herrin sende ich diesen Brief, dem ich das Gelingen meiner Werbung und alles Glück anvertraue. Wisse, du Anfang aller zärtlichen Freuden, daß sich mein Herz und meine Seele so nach dir sehnen, daß mir die Zeit lang wird. Nie war ein Mensch auf Erden so lieb, ich erfreue mich an deiner Art und Würde, du bist eine Frau auf dem Pfad der Ehre, alles an dir ist natürlich ausgebildet. Noch nie sah ich eine Frau so gern.

Fastnacht, Mai und noch einige Zeit vergingen, ohne daß ich dich sah: Ich kann kaum die Zeit unserer Liebe erwarten, die mir den Kummer nimmt. Was ich an Freuden um mich sehe, ist bittere Qual für mich. Du bist meines Herzens Freudensaal. Weder Liebe noch Leid erspart mir, daß mein Herz im Sehnen vergeht. Denke daran, was ich einst erbat, als mein Herz niemandes mehr als deines zu meinem Trost begehrte.

Nun bitte ich dich in all deiner Güte, denke an mich, erfülle bald mein Verlangen, so daß ich dich in Liebe anschauen kann. Mag es dem Schwätzer auch nicht gefallen, ich gehöre zu dir, Auserwählte. Ich wünsche dir Glück, das nicht vergeht und alles Unheil abwendet.

Deine Antwort, liebstes E, schreib mir, Pilgrim – an die Adresse der Sehnsucht. Gegeben im Jahre, in dem man tausend, drei mal hundert und zweiundneunzig zählt, kurz vor Fastnacht.)

Übersetzung: Wolfgang Straub

Josef Kaut: Im Bräustübl

Gegen Salzburgs Kulinarik in ihrer touristischen Ausformung (dominiert von Mozartkugeln und Salzburger Nockerln) wurde schon des öfteren polemisiert. Am besten, man ignoriert diese Diskussion und setzt sich in einen der schattigen Biergärten – Salzburgs jahrhundertealte Braukunst steht gänzlich außer Streit, die Nähe zu Bayern ist hier deutlich spürbar. Josef Kaut, von 1971–1982 Präsident der Salzburger Festspiele, schildert den für Salzburg und seine Bewohner so wichtigen Lebensbereich des Bräustübls mit der aus seinem angestammten Journalistenberuf herrührenden Prägnanz.

Wann die Salzburger Bier zu trinken begannen, kann ihnen niemand genau nachsagen. Sie scheinen schon sehr bald auf den Geschmack gekommen zu sein. Jedenfalls wird schon im 12. Jahrhundert erwähnt, daß es in Salzburg Bräuer gegeben hat und also gewiß auch Biertrinker. Der Erzbischof Leonhard von Keutschach war es, der 1498 einen Vorstoß zur »Verstaatlichung« der Bierbrauereien unternahm. Er kaufte ein Brauhaus in Hallein und eines in Salzburg und ordnete an, daß die Wirte in Hinkunft nur noch das erzbischöfliche Gebräu ausschenken dürften. Die bürgerlichen Brauer wurden darauf beschränkt, ihr Bier in den eigenen Schenken abzugeben. Die Salzburger waren mit dem Hofbier, dem bischöflichen Gesöff, nicht sehr zufrieden, und der Erzbischof bekam den Spitznamen »Liendlwirt« – wobei Liendl ein »Kosename« für Leonhard ist. Die Einfuhr von bayerischem Bier war verboten, und wer es genießen wollte, mußte über die Grenze gehen. Die erzbischöflichen Brauereien versuchten, das bayerische Bier nachzuahmen, aber es mißlang, und die bürgerlichen Bräuer konnten anscheinend die Konkurrenz des Erzstiftes wohl aushalten. Zu dieser Zeit haben sich mehrere Brauereien, die auch heute noch bestehen, wie Stiegl- und Gabler-Bräu [Letzteres ist jetzt nur mehr ein Gasthof, d. Hrsg.], vorteilhaft entwickelt.

Stieglkeller

Das Salzburger Bier wurde besser, nachdem das Erzstift aufgehoben worden war. Während der bayerischen Verwaltung von 1810 bis 1816 entwickelte sich offenbar ein reger Erfahrungsaustausch mit München, und als Salzburg endgültig zu Österreich kam, brachte es das indessen berühmt gewordene Salzburger Bier als Morgengabe mit. Wenn drei Salzburger beisammen sitzen, so werden sie wahrscheinlich etliche Maß trinken müssen, falls sie sich über die Frage einigen wollten, welches Salzburger Bier das beste ist. Man ist aber in dieser Frage durchaus tolerant und läßt alle Brauer leben.

Die Sternbrauerei verkündet, daß bei ihr schon vor 1415 Bier gebraut wurde, während Kaltenhausen als Gründungsjahr 1475 und die Stieglbrauerei 1492 angibt. Das »Augustiner-Bräu« – das im Müllner-Bräustübl ausgeschenkt wird – hat seine Liebhaber, die einen schätzen die heimischen Biere mehr, andere ziehen auswärtige Biere wie das Gösser, das Zipfer oder das Mattighofener vor. Das ist eine Wissenschaft für sich, und wer kein »Fachmann« ist, wird die Sorten einmal durchtrinken müssen, um sich ein Urteil zu bilden. Aber nicht an einem Tag! Die verschiedenen Brauereien erzeugen noch Spezialbiere wie Mai-Bock oder Ruperti-Bock.

Augustinerbräu

Am besten schmeckt das Bier in einem Bräustübl. Da sitzt man an einem Tisch ohne Tischtuch, breitet die mitgebrachten oder im Lokal gekauften Fressalien vor sich aus und trinkt bei munteren Gesprächen seine Maß. Manche bevorzugen den Steinkrug, andere das Glas. Es gibt eine Menge solcher Stübl in Salzburg, und niemand wird einen Wegweiser brauchen. Auch um Gesellschaft braucht man in einem Bräustübl nicht besorgt sein. Man setzt sich irgendwo »zuwi«, wo schon ein paar sitzen, und wird kaum eine Ablehnung riskieren. Es wäre auch höchst unpassend, so exklusiv zu sein und später

Kommenden einen freien Platz am Tisch zu verweigern. Neben dem Augustiner-Bräustübl in Mülln gehört der Stieglkeller, unter der Festung gelegen, zu den bevorzugten Bierstätten. Tatsächlich ist dort der Blick von den Sälen und Terrassen – man muß im Sommer rechtzeitig kommen, wenn man einen guten Platz erwischen will – wunderschön. Man kann den Sonnenuntergang genießen oder während einer »Jedermann«-Aufführung dort sitzen, wenn von den Türmen der berühmte Ruf erschallt. Unter den vielen anderen Bierlokalen genießt auch der Sternbräu mit seinem Garten inmitten der alten Häuser zwischen Getreidegasse und Griesgasse einen besonderen Ruf. Wen das glücklich macht, der kann sich daran erinnern, daß der junge Mozart hier schon eingekehrt ist und dem Tanze gehuldigt hat.

Daß Salzburg nicht nur die Bischofstadt und die Mozartstadt, sondern auch eine Bierstadt von bedeutendem Rufe ist – davon kann sich jeder leicht überzeugen. Nicht nur die erfreulichen Bilanzen der Brauereien künden es, sondern vor allem die überfüllten Bräustübl. Hopfen und Malz – Gott erhalt's!

Helmut Eisendle: Reise von Salzburg nach irgendwo

Salzburg ist sowohl innerhalb Österreichs als auch von Deutschland aus mit der Bahn schnell und problemlos zu erreichen. Manch ein Besucher, der die weltberühmte Barockstadt vom Bahnhof aus betritt, ist von der ihn dort empfangenden architektonischen Tristesse enttäuscht, doch große Hoffnung besteht durch die derzeitige Umgestaltung des Platzes.

Der Salzburger Bahnhof war bis zum Beitritt Österreichs zur Europäischen Union (1995) auch Heimstatt »unausgesprochener Sehnsüchte«, wie der Schriftsteller Helmut Eisendle schreibt. An dieser Grenzstation zu Deutschland kamen bei den Wartenden und Um-

steigenden je nach Herkunft ganz unterschiedliche essentielle Gefühle auf.

Ich nehme Hut und Mantel vom Haken, mein Blick fällt noch einmal auf das große Gemälde an der Wand – der Hirsch aus dem Salzburger Hochgebirge schaut zu mir her –, dann zahle ich und verlasse das Bahnhofsrestaurant.

Die Mischung aus verlorenem Prunk, ein Relikt aus dem alten Österreich, und der modernen Verkommenheit ist das, was diesen Grenzbahnhof nach außen hin bestimmt. Die Eisenkonstruktion der Bahnsteige mit ihren Verzierungen, die Aufschrift »Nach Deutschland«, ein Reiz für jeden, der in diesem Land geboren wurde, der Zeitungsstand, das Blumengeschäft, die rollenden Jausenwagen vor den Zügen, die Ausländer, ankommende, abfahrende, auch jene, deren Heimat aus einem Zufall gerade dieser Bahnhof geworden ist, das Stehbuffet, das Pissoir ums Eck, dessen Wände vollgekritzelt sind mit einer Sammlung überregionaler Graffitis, die trübe oder freudige Stimmung des Abfahrens und Zurückkehrens, alles, jedes Gefühl, jedes Detail ist ein Charakteristikum eines Bahnhofs schlechthin und doch mehr, wenn es der Salzburger Bahnhof ist.

Zweierlei ist die Liebe zum Bahnhof, im speziellen zu diesem hier: Zum einen ist es eine Station der Sehnsucht für jenen, der aus Österreich stammt, den Ostösterreicher aus der Steiermark, aus dem Burgenland, aus Niederösterreich oder aus dem südlichen Kärnten mit dem natürlichen Wunsch nach der Fremde, dem kleinen Amerika Deutschland, einem Land, das seine Muttersprache spricht, zumindest aber hochdeutsch, und das ihn, den erstmalig Ausreisenden schon dadurch auf einem sanften Weg ins Ausland führt. Die Erwartungen des Abenteuers in der weiten Welt werden für den Österreicher vorerst in Deutschland, dem großen Bruder, enttäuscht oder erfüllt.

Zurückgekehrt oder verblieben merkt der Debütant des

Ins-Ausland-Fahrens bald, daß nicht die Ähnlichkeiten, sondern die Unterschiede die Deutschen und die Österreicher bestimmen.

Salzburg Hauptbahnhof

Er kommt wieder am Grenzbahnhof Salzburg an, geht zum Würstelstand, bestellt eine Bockwurst, spürt den scharfen

Kren in der Nase, sieht den Blumenstand, die verzierten Säulen des Perrons, die Aufschrift »Nach Deutschland«, fühlt sich ein wenig sicher und wohl und weiß: Hier beginnt Österreich.

Zum anderen ist es eine Station der Sehnsucht für jene, die irgendwo geboren wurden, die Türken, Jugoslawen, die Mazedonier, Bosnier, Kroaten, die Dunkelhaarigen aus Mostar, aus Anatolien, aus Istanbul oder Tekirdag am Marmarameer mit dem natürlichen Wunsch nach der fernen Heimat, ihren Bergen, dem Meer, dem Süden, der karstigen Landschaft, in der die schwarz gekleideten Frauen stehen, eben all jenem, was sie einstmals voll Hoffnung verlassen haben.

In Grüppchen stehen sie im Kreis und vergessen, wo sie sind. Ihre Gespräche und Witze sind die einsamer Männer. Sie sind hierher nach Österreich gekommen, um das Glück zu machen, und sie erfahren bald, daß Glück eine Folge von Verzicht, Einsamkeit, von Geduld, Dienern und Durchhalten ist.

Die Station ihrer unausgesprochenen Sehnsüchte ist der Bahnhof. Hier beginnt die Reise nach irgendwo oder zurück in die Heimat.

Manche Hoffnung ertrinkt für sie am Stehbuffet. Den Verlorenen bleiben zumindest die Träume. Irgendeinmal werden sie wieder daheim sein, dann ist das Zuhause des Bahnhofs vergessen. Sie kommen in der südlichen Heimat an, umarmen mit Tränen in den Augen eine schwarz gekleidete Frau und sind dort, wo ihr Traum vom Glück begonnen hat.

Wenn der Zug über die Grenze gefahren ist, wird die südliche Heimat hinter ihnen liegen. Die Zukunft beginnt nach dem Zoll. Österreich, als letzte Station der Salzburger Bahnhof, für sie ein Niemandsland, neutral, freundlich, südlich, ein Vorzimmer zum Himmel der Arbeit und Hoffnungen.

Wenn die deutschen Zöllner kommen, beginnt die Zukunft mit all den Schwierigkeiten, von denen sie noch nichts ahnen; Paßkontrolle, Verzollung anmeldungspflichtiger Waren, Formulare, Sprachprobleme, Arbeitsgenehmigung, Aufenthaltserlaubnis, Bürokratie, Arbeit. Sie sind nichts mehr, sie sind dann irgendwelche unter vielen, Arbeitskräfte, Nummern, Menschen, die auszogen, um das Glück zu machen.

Ich greife in die Rocktasche, hole zwei Mozartkugeln hervor und reiche sie dem Nachbarn. Kommen Sie, nehmen Sie.

Ich löse das Goldpapier und denke an Mozart, an Musik, an das andere Salzburg, an die Kulturstadt, an Festspiele, an Hofmannsthal und Bernhard, an Strehler und Karajan, an das Spielcasino, das Café Bazar, Tomaselli, wo die Glücklichen sitzen, ich denke an alles, was die Jugoslawen, die Türken, die Bosnier, die Serben und Anatolier nie erfahren werden.

Der Salzburger Bahnhof ist für sie ein Halt vor der Grenze nach Deutschland, jenseits von Kultur und Kunst, ein letzter Halt, bevor die Zukunft beginnt.

Irgendwann werden sie zurückkehren von irgendwo, der Bahnhof wird vergessen sein, eine Kolonne führt sie nach Hause, und im Kofferraum liegen Geschenke und einige erfüllte Träume. Andere, vielleicht die Söhne, werden gerade aufbrechen, um vom Salzburger Bahnhof aus die Reise nach irgendwo zu beginnen.

Die Mischung aus verlorenem Prunk, ein Relikt aus dem alten Österreich, und die moderne Verkommenheit ist das, was diesen Grenzbahnhof bestimmt.

Seine Bedeutung ist zeitweilig.

Goese vi vozite?

Wohin fahren Sie?

Tomas Friedmann: Expressionen einer Stadt

Tomas Friedmanns »Leidenschaft in 17 Bildern«, so der Untertitel dieser Prosa, entstand bei einem Autorenwettbewerb zum Thema »Leben in Salzburg«. Friedmann zieht darin – er ist ein »Zugezogener« – Bilanz über vier Jahre Alltag in einer klischeeüberfrachteten und mitunter kulturkonservativen Stadt. Der Autor hält die Spannung zwischen der momentanen Befindlichkeit seines Ich-Erzählers, der die Stadt zwischen Theaterproben spazierend erlebt, und überaus kritischen und zugleich sprachlich höchst poetischen Aussagen. Dem Erzähler scheint ein Zugang zu Salzburg nur über die Übertreibung und über starke Bilder möglich zu sein. Durch eine Art produktiver Haßliebe (»Diese Stadt braucht meinen Widerstand«) versichert er sich seiner Lebenskraft.

VII

Wenn diese Stadt das Rom des Nordens ist, dann weil der Bischof dieser Stadt ein Papst ist, weil die Kirchen dieser Stadt der Vatikan sind, weil diese Stadt korrupt ist wie ganz Italien. Um in dieser Stadt zu überleben, muß man/frau mindestens einen fremdländischen Akzent beherrschen (oder gleich Amerikanisch sprechen). Die eigentlich Mächtigen dieser Stadt sind die Oberkellner, und die Hotelreceptionisten. Auf sie ist ein Gast angewiesen wie der Hund auf seinen Herrn. Dementsprechend werden sie bedient (Ausnahmen siehe oben). Der Kellner bestimmt über Essen und Trinken, verschafft einem einen Platz an der Sonne (mit Blick auf die Stadt), oder läßt Sie nicht einmal die Toilette benutzen. Dafür muß man/frau teuer bezahlen, am besten in D-Mark, Schweizer Franken oder Dollar. Die heimlichen Banker dieser Stadt sind die Oberkellner. Trinkgelder werden automatisch einbehalten. Und wehe, ein Gast will Wechselgeld! Kleingeld gibt es in dieser Stadt wie Sandler an der Salzach: Es gibt genug, aber man versteckt sie.

Die einzige Möglichkeit, in dieser Stadt zu überleben, ist ein Clown zu sein. Keiner, über den laut gelacht wird, der Publikum hat. Ein tragischer Clown (Politiker), ein stummer Clown, ein stiller und unauffälliger, ein kleiner, ungeschminkter Alltagsclown. Nur keinen Erfolg haben in dieser Stadt, diesem Land! Nur keinen Erfolg haben wollen. Die Erfolgreichen sind die Toten. Die sich für erfolgreich halten liegen im Ster-

ben. Vollgefressen mit Empfängen voll Sekt und Beuschel, Trachtenhüten und Festspielkarten. Die wirklich Erfolgreichen werden in dieser Stadt geschlagen und gekreuzigt. Diese Stadt ist ein Staubsauger für alles Erfolgreiche. Die einzige Chance, in dieser Stadt zu überleben, ist mitzuspielen. Dann bleibt wenigstens die Chance des Gladiators. Alle in dieser Stadt und in diesem Land, die sich wehren (wollen), aufstehen (wollen), stehenbleiben (wollen) und schreien (wollen), werden untergegangen, zumindest bis sie tot sind. In dieser Stadt und in diesem Land leben nur die Toten.
(Fortsetzung folgt)

VIII
Zwischen zwei Proben: Durch die Straßen dieser Stadt. Ohne Hunger, ohne Durst, ohne jede Regung und Lust, auch nicht umherzugehen in den Straßen, auch nicht hinzusetzen in einem Café, auch nicht zu rauchen, zu lesen, zu schauen, zu leben. Nicht müde und nicht wach. Nicht so wach, um sprechen zu können. Dann doch. Im Café. Aber auch das nicht. Nicht einmal davonlaufen ist möglich. Kein Entschluß ist möglich, und keine Entscheidung. Mein Blick auf die Münder

Café Tomaselli

der anwesenden Frauen. Mein flüchtiges Starren: die Lippen anständig geschlossen, Berge von Mehlspeisen verzehrend, sittsam immer nur kleine Stücke, dazwischen an der Kaffeetasse nippend, einen Finger wegspreizend, ein diskretes Gespräch mit dem Nachbarn führend, der Begleitung, dem Rendezvous, der Dame, dem Nadelstreifherrn. In den ausländischen Zeitungen: Überschriften. Ich suche nach bekannten Namen. Ich suche Erinnerungen. Inzwischen kein Regen mehr, grelles Sommersonnenlicht. Die Fenster wie künstlich beleuchtet, wie im Theater, wie im Film: keine Schatten. Nur sitzen, nur an nichts denken. Schweigend zahlen. Schweigend Trinkgeld auf den Marmortisch legen. Schweigend gehen.

VII (Fortsetzung)
Diese Stadt und dieses Land sind das Atlantis der Gegenwart. Eine versunkene, geheimnisumwitterte Landschaft, von der niemand genau weiß, wo sie liegt, und ob es sie überhaupt jemals gab. Diejenigen, die sich zu erinnern glauben und sich aufmachen, dieses untergegangene Reich zu finden, werden eines Tages vor einer Müllhalde stehen und die Überreste einer vergangenen Kultur betrachten.

Bernhard Paumgartner: Der Mythos der Festspiele

Die Gründung der Salzburger Festspiele mit den »großen Namen« wie Max Reinhardt, Hugo von Hofmannsthal und Richard Strauss ist längst zum Mythos geworden. Das verwundert nicht weiter, trachtete man doch danach, den Ursprung der Festspiele selbst in der österreichischen National-Mythologie zu verankern: Salzburg sollte nach dem Untergang der Donaumonarchie zum neuen intellektuellen Zentrum eines sogenannten Mitteleuropas werden und ein »geistiges« Österreich an die Stelle des verlorengegangenen Reiches setzen. Die Ausgangssituation des heute weltweit renommierten Festivals war schwierig, die wirtschaftliche Lage nach dem Ersten Weltkrieg katastrophal, ideologisch lag die etwas sperrige, barocke Welttheater-Dramaturgie Hugo von Hofmannsthals vor. 1920 fanden die ersten Festspiele mit der Uraufführung von Hofmannsthals »Jedermann« auf dem Domplatz statt. Die knapp 50 Jahre später niedergeschriebenen Erinnerungen des Dirigenten und »Manns der ersten Stunde«, Bernhard Paumgartner erklären den ungebrochenen Erfolg der Festspiel-Idee. Auch schienen die Festspiele von Beginn an den Segen von allerhöchster Stelle zu haben ...

Domplatz

Reinhardt war den ganzen Tag in der Stadt herumgewandert und vom Wesen Salzburgs wieder tief ergriffen. Hier war er als kleiner Schauspieler zum erstenmal auf den Brettern gestanden, nicht lange, nachdem Hugo Wolf hier als kleiner Korrepetitor unter dem Kapellmeister Karl Muck recht unglückliche Proben seines theatralischen Ungeschicks abgelegt hatte. Als wir am nächsten Tag selbander über den Domplatz gingen, formulierte sich die Idee, die später, von Hofmannsthal in wunderbare Worte gefaßt, ein Leitgedanke der Salzburger Festspiele geworden ist: *Die Stadt als Szene*, als die natürliche, lebendigste, farbigste Bühne, die barocke Stadt der herrlichen Veduten, der wohlproportionierten weiten Plätze, der unvergleichlichen Trionfi und Prozessionen von einst, der Volksspiele und Benediktinerdramen, diese Stadt, in der das unvergleichlich Dekorative allein schon Spiel und Bewegung war, gewordener Raum als kulturelle Tatsache und Grunderlebnis, die Stadt, in der Mozart als ein Gedanke Gottes nur als ihre letzte, menschlichste Verkörperung geboren werden mußte, er und das ewige Mysterium seiner Musik. Es spricht für die Größe Reinhardts, daß es ihm gelang, diese Idee zum erstenmal im *Jedermann*, später durch die berühmte *Faust*-Inszenierung in der offenen Felsenreitschule restlos in lebendiges Theater umzusetzen.

Niemals, seit eine deutsche Bühne besteht, hat eine so weite Landschaft in einem Stück so bühnenwirklich mitgespielt als im *Jedermann*: Rufe von der Festung Hohensalzburg, vom Turm der Franziskanerkirche, Glocken da und dort, Auftritte der handelnden Personen über den ganzen weiten Platz – selbst der Taubenschwarm, der sich im Abendschein leuchtend erhob und über Jedermanns Grab schwirrte, gehörte wie ein kleines Wunder mit zum festlichen Geschehen. Ich erinnere mich noch gut an die erste Aufführung: Reinhardt saß neben mir auf dem Sängerchor der Domkirche hinter der großen Orgel. Von dort oben konnte man durch ein großes vergittertes Fenster die Spielfläche gut übersehen. Wir verhielten uns still in unerhörter Gespanntheit. Ein Wetter stand am westlichen Himmel und drohte die Schönheit dieser Weltpremiere in eine wilde Regenpanik zu verwandeln. Plötzlich aber, als Moissi-Jedermann das Vaterunser sprach, brach die Sonne mit zarter Abendmilde durch die schwarzen Wolken. Die Spitzen der Türme erstrahlten in verklärtem Licht, während gleichzeitig, zum ersten Male, die Tauben aufflogen. Tiefste Ergriffenheit senkte sich über alle Miterlebenden. Reinhardt selbst war bewegt und vermochte kaum zu sprechen. Der unvergeßliche Augenblick dieser gleichsam himmlischen Zustimmung wirkte durch alle Jahre nach. Noch immer begeistert der Salzburger *Jedermann* Tausende von Menschen durch die Einmaligkeit seiner Bindung an das Wesen, an die kulturelle Gewordenheit einer einzigartigen Stadt.

Egon Erwin Kisch: Salzburg ist die Hauptstadt von Salzburg

Kommt jemand aus dem Land Salzburg, wird er diesen Umstand bei Vorstellungen meist betonen, um nicht der häufigen Gleichsetzung von Salzburg mit der Stadt Salzburg zu unterliegen. Die banale Tatsache, daß Salzburg die Hauptstadt des gleichnamigen Bundeslandes ist, kann schlimme Folgen zeitigen. Das berichtet jedenfalls der »rasende Reporter« Egon Erwin Kisch in einer Episode seines Erinnerungs- und Räsonier-Buches »Marktplatz der Sensationen« (dem folgenden Ausschnitt liegt die 1942 in einem mexikanischen Exilverlag, einem »Verlag für Antinazi-Literatur«, erschienene Erstausgabe zugrunde). Die Namensgleichheit von Stadt und Land brachte dem Schüler »Karzer« ein, und er kam dadurch in gefährliche Nähe eines Schulverweises.

Ich war Quartaner, vierzehn Jahre alt, sass zuhause und lernte Heimatkunde, die Geographie der im »Oesterreichischen Reichsrate vertretenen Koenigreiche und Laender«. Ich hatte das Buch vor mir auf dem Tisch, das Kapitel »Herzogtum Salzburg« aufgeschlagen, die Arme aufgestuetzt, das Kinn in den flachen Haenden.

Gestern hatte der Lehrer beim Schueler Kinzl zu pruefen aufgehoert, der im Alphabet vor mir kam, morgen konnte ich als Erster gerufen werden.

Neben dem Tisch sass Grossmutter und strickte. Halblaut las ich: »Das Herzogtum Salzburg hat einen Flaecheninhalt von 7,153 Quadratkilometern und 192,760 Einwohner.« Ich wiederholte: »7,153, 7,153« und »192,760«. Folgendermassen ging der Text weiter: »Die Bevoelkerung auf dem flachen

Land ernaehrt sich zumeist von Ackerbau und Viehzucht, in manchen Gegenden auch von Salzgewinnung. In den Staedten sind Handel und Industrie bedeutend.«

»Die Bevoelkerung besteht fast ausschliesslich aus Deutschen. Die Hauptstadt von Salzburg ist Salzburg ...«

»Mach' keine Witze und lern'«, sagte Grossmutter in einem Ton, der Guete und Freundlichkeit war. Verstaendnislos sah ich sie an, sie aber bemerkte den fragenden Blick nicht, sie strickte.

»... fast ausschliesslich aus Deutschen. Die Hauptstadt von Salzburg ist Salzburg«, wiederholte ich.

»Du sollst keine Witze machen und lernen.« Kein Groll lag in ihrer Stimme. Es schien nur ein freundlicher Rat zu sein, den sie mir erteilte, eben der Rat, keine Witze zu machen und zu lernen.

»Ich lerne doch, Grossmama.«

»Gut, gut, mein Kind.«

Veraergert ueber diesen ihren Gleichmut wiederholte ich den letzten Satz, moeglicherweise sogar etwas lauter als es die Weisheit, dass Salzburg die Hauptstadt von Salzburg ist, erfordert haette.

»Die Hauptstadt von Salzburg ist Salzburg ...«

Grossmutter drohte: »Du wirst ein paar Ohrfeigen kriegen, wenn du nicht aufhoerst, Dummheiten zu reden.«

Ich, trotzig: »Ich rede keine Dummheiten, ich lerne, was hier im Buch steht.«

Bestimmt, Gerechtigkeit in jedem Akzent, erklaerte sie: »Wenn du lernst, was im Buch steht, werde ich nichts reden.«

Da hatte ich sie. Wollen mal sehen, ob sie ihr Wort halten wird nichts zu reden, wenn ich das lerne, was im Buch steht. »Die Hauptstadt von Salzburg ist Salzbu ...«

Und schon hatte ich eine Ohrfeige. Wie gesagt, ich war Quartaner. Ein Quartaner laesst sich nicht ohne weiteres ohrfeigen, am allerwenigsten wegen einer wissenschaftlich erwiesenen Tatsache, die er schwarz auf weiss vor sich hat. Ich stampfte mit dem Fuss und schrie. Grossmutter aber schrie jetzt auch, ihr Garn war gerissen und ihre Geduld.

Meine Mutter kam ins Zimmer geeilt und gab mir noch eine Ohrfeige, Begruendung: »Warum aergerst du die Grossmutter?«

»Huh, ich aergere sie nicht, huh«, (das »huh« soll das Weinen nachahmen, das ich nachahmte) »ich lerne nur, was im Buch steht und Grossmama behauptet, ich mache Witze.«

»Bloedheiten redet er anstatt zu lernen«, zwischenrief Grossmutter in mein Plaidoyer.

»... nur was im Buch steht.«

»Die Hauptstadt von Salzburg ist Salzburg, und solchen Unsinn quatscht er.«

»Huh«, machte ich jetzt wieder, denn ich hatte eben die zweite Ohrfeige von meiner Mutter bekommen, »da steht doch, dass Salzburg ...«

»Wo steht das?« sagte meine Mutter, hob, neuerlich schlagbereit, die rechte Hand und lenkte ihre Augen in das Buch.

Dort stand es tatsaechlich.

»Mutterl«, sagte meine Mutter zu der ihren, »hier steht wirklich, dass ...«

»Was steht dort?«

»... dass Salzburg die Hauptstadt von Salzburg ist.«

»Sehr gut!« kreischte Grossmutter. »Das ist ja sehr gut!« Sie war ganz ausser sich. »Das ist grossartig!« So wuetend hatte ich sie noch gesehen. »So? Steht das dort? Salzburg ist die Hauptstadt von Salzburg steht dort? Was steht noch dort? Boehmen ist die Haupstadt von Boehmen, Wien ist die Hauptstadt von Wien – steht das auch dort?«

»Aber, Mutterl, wenn wirklich ...«

»Dann braucht er das nicht zu lernen. Das kann er sowieso. Jungbunzlau ist die Hauptstadt von Jungbunzlau!«

(...)

»Was wissen Sie ueber das Herzogtum Salzburg?«

Ich begann aufzusagen, sehr laut, sehr schnell. Er wird

merken, dass ich ueber das Herzogtum Salzburg genau unterrichtet bin und wird mir – so hoffte ich, – eine andere Frage stellen. »Das Herzogtum Salzburg hat einen Flaecheninhalt von 7,153 Quadratkilometern und 192,760 Einwohner. Die Bevoelkerung auf dem flachen Land ernaehrt sich zumeist von Ackerbau und Viehzucht, in manchen Gegenden auch von Salzgewinnung. In den Staedten sind Handel und Industrie bedeutend. Die Bevoelkerung besteht fast ausschliesslich aus Deutschen. Die Hauptstadt von Salzburg ist Salzburg ...«

Ich schaltete eine Pause ein.

»Weiter«, forderte mich der Lehrer auf und wirbelte seine Kneiferschnur durch die Luft.

Ich wiederholte den letzten Satz nachdenklich, als ob ich mich an die Fortsetzung erinnern wolle. »Die Hauptstadt von Salzburg ist Salzburg ...«

»Das haben wir schon zweimal gehoert. Dass Salzburg die Hauptstadt von Salzburg ist, ist doch wohl selbstverständlich.«

Das war mir zu viel. Meiner Grossmutter war gestern der Satz, Salzburg sei die Hauptstadt von Salzburg, so unwahrscheinlich, so unglaubhaft, so unmoeglich erschienen, dass sie darueber einen Tobsuchtsanfall bekommen hatte, und jetzt sollte es auf einmal »doch wohl selbstverstaendlich« sein! »Das ist garnicht selbstverstaendlich«, schrie ich mit krebsrotem Kopf.

»Wieso ist das nicht selbstverstaendlich?« fragte der Lehrer und vergass, so starr war er ueber meine Frechheit, die Kneiferschnur zu schwingen, »wieso?«

»Fragen Sie die Grossmutter!«

Er schleifte mich zum Direktor, der eine Lehrerkonferenz einberief. Die Lehrerkonferenz entschied: fuenf Stunden Karzer. Als mir der Direktor dieses Urteil verkuendete, fuegte er hinzu: »Und was es zu bedeuten hat, wenn Sie sich noch das Geringste zuschulden kommen lassen, wissen Sie.«

II. Vor dem Hochgebirge

Flachgau, Tennengau

Fürberg am Wolfgangsee

Carl Zuckmayer:
Als wär's ein Stück von mir

Der Schöpfer des »Hauptmann von Köpenick« und »Des Teufels General« schuf mit seinen umfangreichen Erinnerungen »Als wär's ein Stück von mir« eine Hommage an jene Menschen, die seinen Lebensweg begleiteten und beeinflußten. Im Flachgauer Henndorf war es ihm über Jahre vergönnt, viele Freundschaften – zu Einheimischen und Künstlern aus aller Welt – intensiv zu pflegen, die Nähe zur Festspielstadt trug dazu bei. Die Familie Zuckmayer erwarb 1926 die »Wiesmühl« in Henndorf und verbrachte hier Zeiten wie »im Paradies«. Nach der Machtergreifung Hitlers 1933 übersiedelten sie gänzlich nach Österreich. Das kleine Henndorf war damals – nach Zuckmayer – ein »Binnen-Parnaß«, neben vielen Literaten auf Kurzbesuch nutzten vor allem Ödön von Horváth, Franz Theodor Czokor und Richard Billinger die Ruhe und Gastfreundschaft – besonders im uralten Gasthof Bräu – zum Schreiben. 1938 erfolgte die Austreibung aus dem Paradies, Zuckmayer gelang knapp die Flucht in die Schweiz. Aus dem amerikanischen Exil zurückgekehrt, schrieb er im Schweizerischen Saas-Fee Mitte der sechziger Jahre seine »Horen der Freundschaft« und ließ sie mit Gedanken zu Heimat und Glück beginnen.

Wo ist man daheim? Wo man geboren wurde oder wo man zu sterben wünscht? Damals glaubte ich es zu wissen – glaubte mit einer Stecknadel auf dem Globus den winzigen Punkt geographisch bestimmen zu können, der mir selbstgeschaffene, selbsterwählte Heimat war und wo ich mein irdisches Dasein auszuleben hoffte: es war der Ort Henndorf bei Salzburg, genau gesagt Haus Wiesmühl, im Grundbuch Neumarkt-Köstendorf als ›Fenning Nr. 3‹ mit anderthalb Joch Land und Wasserrecht eingetragen. Wenn man mich damals gefragt hätte, wo das Paradies gelegen sei, so hätte ich ohne Zögern geantwortet: in Österreich, sechzehn Kilometer östlich von Salzburg an der Reichsstraße, dicht beim Wallersee.

Vielleicht erstreckte es sich von da bis in den Thalgau und nach Mondsee hinüber, einerseits, und auf der anderen Seite bis gegens Innviertel hin, soweit man es halt auf einer Tageswanderung zu Fuß durchmessen kann. Es war keine Stätte der Wunschlosigkeit, doch barg es den Kern des Glücks: denn die einzige dauerhafte Form irdischer Glückseligkeit liegt im Bewußtsein der Produktivität. Heut arbeite ich, in anderer Landschaft, wieder an dem gleichen Tisch mit der schweren, langgestreckten Eichenholzplatte, der in meiner Henndorfer Stube stand, liege nachts im gleichen, buntbemalten Bauernbett, in dem mich der Wiesmühlenbach so oft in Schlaf sang. Aber wenn man mich fragt, wo ich zu sterben wünsche, so muß ich sagen: ich weiß es nicht. Ich weiß nur: wir lebten einmal im Paradies, und es macht keinen Unterschied, ob es zwölfeinhalb Jahre dauerte oder so lange wie man braucht, um die Augen zu schließen und wieder aufzuschlagen.

Wiesmühl

Franz Xaver Gruber: Authentische Veranlassung zur Composition des Weihnachtsliedes »Stille Nacht, heilige Nacht!«

Die bekannteste »Stille Nacht, Heilige Nacht«-Gedenkstätte ist die kleine Kapelle in Oberndorf. Zusammen mit einem alten Wasserturm aus dem 16. Jahrhundert, an einer Salzachschlinge gegenüber der alten Lauffener Kirche gelegen, bildet sie ein harmonisches Ensemble. Die 1937 eingeweihte Kapelle wurde anstelle der baufälligen St. Nikolaus-Kirche errichtet, in der 1818 erstmals die Weise »Stille Nacht, heilige Nacht« erklungen war. Nachdem längere Zeit diese einfache und spontane Begleitung der Weihnachtsmette in Vergessenheit geraten war, begann die Erfolgsgeschichte des Liedes Mitte des 19. Jahrhunderts durch fahrende Tiroler Sänger. Mit der rasanten Verbreitung gingen Romantisierungen und Mythisierungen einher, denen die Musikwissenschaft bis in unsere Tage entgegenzuwirken trachtet. Auch der Komponist selbst vermeinte bereits 1854, die Urheberschaft mit der Niederschrift einer »authentischen Veranlassung« ins rechte Licht rücken zu müssen: Ihm war zu Ohren gekommen, daß die königlich preußische Hofkapelle in Salzburg hatte nachfragen lassen, ob das Original des »von Michael Haydn komponierten Liedes« noch vorhanden sei.

Stille Nacht, Heilige Nacht-Platz in Oberndorf

Es war am 24^{t} Dezember des Jahres 1818, als der damalige Hülfspriester Herr Josef Mohr bei der neu errichteten Pfarr St Nicola in Oberndorf dem Organistensdienst vertretenden Franz Gruber (damals zugleich auch Schullehrer in Armsdorf) ein Gedicht überreichte, mit dem Ansuchen eine hierauf passende Melodie für 2 Solo-Stim[m]en sam[m]t Chor und für eine Guitarre-Begleitung schreiben zu wollen.

Letztgenannter überbrachte am nämlichen Abend noch diesem Musikkundigen Geistlichen, gemäß Verlangen, so wie selbe in Abschrift dem Original ganz gleich beiliegt, seine einfache Composition, welche sogleich in der heiligen Nacht mit allen Beifall produzirt wurde.

Herr Josef Mohr, als Verfasser dieses Gedichtes und mehrerer geistlicher Lieder, starb am 4^{t} Dezember 1848 als würdiger Vicar zu Wagrein in Pongau.

Franz Gruber, gegenwärtiger Chorregent und Organist bei der Stadtpfarrkirche Hallein, der 3te Sohn eines armen Leinwebers zu Hochburg im Jahre 1787 geboren, kam, den Webestuhl verlassend, 18 Jahre alt zum H. Georg Hartdobler Stadtpfarr-Organisten in Burghausen in die Lehre, und brachte es nach nur drei Monate lang erhaltenen Unterricht so weit, bei fig. Aemtern den Generalbaß auf der dortigen Orgel spielen zu können.

Im Jahre 1806 gieng er zum Schulfache und wurde ein Jahr darauf als Lehrer und Meßner bei der Nebenschule Armsdorf angestellt, versah von dort aus, als im Jahre 1816 bei der Territorial-Ausgleichung die Vorstadt Oberndorf von der Stadt Laufen getrennt wurde, mit Bewilligung seiner Obern (in Ermanglung eines passenden Individuums) den Cantors- und Organistensdienst zu St Nicola bis zum Jahre 1829, wo er dann nach Berndorf als Schullehrer befördert wurde. Im Jahre 1833 wurde ihm der bei der Stadtpfarrkirchen Hallein erledigte Chorregentens- und Organistensdienst angetragen, welchen er auch auf sein Ansuchen erhielt. Von seinen 12 ehelich erzeugten Kindern leben noch 2 Söhne und 2 Töchter, säm[m]tlich musikalisch gebildet, wovon der ältere Sohn, welcher als Lehrer bei der k. k. Hauptschule in Hallein angestellt ist, schon mehrere gelungene Compositionen geliefert hat.

Da dieses Weihnachtslied durch einen bekannten Zillerthaler nach Tirol gekom[m]en, dasselbe aber in einer Liedersam[m]lung zu Leipzig etwas verändert erschienen ist, so beehrt sich der Verfasser dasselbe dem Original gleichlautend beilegen zu dürfen.

Hallein den 30t Dezember 1854
Franz Gruber m. p.
Stadtpfarr-Chorregent
und
Organist.

Georg Rendl: Die Glasbläser von Bürmoos

Bürmoos ist nicht unbedingt ein Ausflugsort, der Ort birgt keine touristischen Sehenswürdigkeiten. Dennoch weist er Einzigartiges auf: Noch heute in seinem Erscheinungsbild von Gewerbe und Kleinindustrie geprägt, ist er Schauplatz des einzigen Industrieromans Salzburgs, Georg Rendls »Die Glasbläser von Bürmoos« (1935). Der umfangreiche, dreiteilige Roman hat den Aufstieg Bürmoos' zu einem ansehnlichen Industrieort und den anschließenden wirtschaftlichen Niedergang in der Zwischenkriegszeit zum Inhalt. Der Unternehmer Pfeil im Roman hat den jüdischen Industriellen Ignaz Glaser als Vorbild: »Bürmoos verdankt Glaser seine Existenz.« (Hanns Haas) Auf der Grundlage des reichen Torfvorkommens (für die Befeuerung) baute Glaser in den beiden letzten Jahrzehnten des 19. Jahrhunderts eine der größten Tafelglasfabriken der Habsburgermonarchie auf.

»Ich muß bauen! Nicht aus Leidenschaft. Es muß gebaut werden, was dringend nötig ist: Wohnhäuser, ein Haus für uns, die Ziegelei natürlich, und die Arbeiterhäuser für die Ziegler. Ein Schulhaus –.«

»Bürmoos wird noch eine Stadt werden«, sagte Frau Pfeil, »aber wir werden uns dabei verbluten.«

»Keine Angst! Ich kann das alles nur Schritt für Schritt tun.

Auf Abenteuer darf ich mich nicht einlassen, das weiß ich. Und wenn wir mit dem Gewinn wieder soundso vielen Familien Brot verschaffen –.«

Bürmoos

»Wir haben noch keinen Kreuzer Gewinn, wir haben Schulden«, sagte die Frau kleinmütig.

»Aber wir haben heute schon acht Hafen voll Glas, vergiß das nicht!« sagte Herr Pfeil triumphierend, »nun geht es so weiter. Es werden Schwierigkeiten kommen, ja, genug werden kommen, aber verlaß dich auf mich. Wir sind keine Spekulanten. Wir haben auch bisher gearbeitet wie richtige Bauleute. Wir haben Stein auf Stein gelegt.«

Die junge Frau gewann durch diese beruhigenden Worte ihre alte Zuversicht wieder zurück.

Nachdem der Schmelzer alle Hafen glücklich und ohne Unfall mit der Kartoffel bearbeitet hatte, befahl er dem Heizer, das Gas zu drosseln, denn der Glasfluß sollte nun langsam zäh werden und jenen Grad der Dickflüssigkeit erreichen, der notwendig war, ihn verarbeiten zu können. Diesem Schürer, der nun seinen Dienst versah, konnte man befehlen, den andern aber mußte selbst der Schmelzer »ersuchen«.

Und als er um zwölf Uhr mittags den anderen ablöste, kam der Schmelzer zu ihm und »bat« ihn, die Hitze ganz langsam zu verringern, er gehe jetzt heim. Er ließ Herrn Pfeil sagen, daß um acht Uhr abends mit der Arbeit begonnen werden könne.

Obwohl in kurzer Zeit jeder der Glasmacher, vom Lehrling bis zum Meister, die Stunde des Arbeitsbeginnes erfuhr, schickte Herr Pfeil doch der Ordnung halber die zwei dazu bestimmten Hüttenjungen zu jedem einzelnen.

Dieses »Arbeitansagen«, das überall Vorrecht und Pflicht der Hüttenbuben war, wurde entlohnt. Und um dieser Entlohnung willen war es ein begehrtes Amt. Bei jedem Wind und Wetter mußten die zwei gehen, an jede Tür, hinter der ein Glasbläser wohnte, pochen und den Schlafenden wecken. Sie sahen während solcher Rundgänge viel, sie bekamen Einblick in alle möglichen Verhältnisse und manchmal auch in Geheimnisse. Sie mußten mutig sein, denn für Knaben, die vor kurzer Zeit noch die Schulbank gedrückt hatten, hielten die nächtlichen Stunden noch allerlei Schrecken bereit.

Die Glasbläser, die auf ihre Gesundheit hielten, suchten vor dem Schichtbeginn zu schlafen, sich für die bevorstehenden anstrengenden Arbeitsstunden zu stärken. Andere aber hielten das nicht für nötig, saßen in der Kantine, löschten ihren ständigen Durst, spielten Karten oder stritten untereinander.

Ilse Aichinger: In das Land Salzburg ziehen

Großgmain ist vor allem durch das sehenswerte Freilichtmuseum bekannt, sonst ist die kleine, hart an der salzburgisch-bayerischen Grenze gelegene Gemeinde eher unscheinbar, sie duckt sich quasi vor dem mächtigen Untersberg. Als die große Schriftstellerin Ilse Aichinger hierher zog, war es für sie sogleich der breite und hochaufragende, sagenumwobene Bergrücken, der ihre Umgebung bestimmte und scheinbar auch ihr dichterisches Denken beeinflußte. Die vielen Jahre, die Aichinger am Fuße des Untersberg verbrachte (1963 – 1984), spiegeln sich am deutlichsten in diesem Text aus der Ankunftszeit wider. Bezeichnenderweise stehen nicht Erzählungen um die eigene Person im Mittelpunkt, sondern eine der vielen Geschichten, die sich um den Berg ranken.

Als wir hierher zogen, lernten die Kinder in der Schule noch, daß sie Fremde und Freunde zu grüßen hätten, vor der Schule stand ein Birnbaum, unter den Kindern gab es auch dunkelhäutige Kinder mit grünen Lodenmänteln, und beide, die dunklen und die hellen Kinder, hatten viel zu tun.

Die Erwachsenen grüßten auch, aber da gab es schon Unterschiede: solche, die gemessen grüßten, solche, die freundlich grüßten, und solche, die ohne Neugierde nickten oder mit einer seltenen Neugierde. Einem von denen war ich auf der Spur. Wie soll ich die Neugierde beschreiben, die ihn auszeichnete? Sie war liebevoll und teilnahmslos, begierig und still. Mit dieser Neugierde musterte er Säuglinge und Heranreifende, Grade und Verkrüppelte, Verschüchterte und solche, die sich von dem geheimen Blick der Welt gestreift meinten, Zehnjährige und Achtjährige und auch die Siebzigjährigen und die Dreijährigen ließ er nicht aus. Er grüßte aber selten.

Als wir hierher zogen, hatten unsere Bücher noch auf einem hohen Hügel im Wohnzimmer Platz und an diesem ersten Abend holte ich mir, blind vor Müdigkeit, aber von der Sucht, noch einige Buchstaben vor meinen Augen flimmern zu sehen, besessen, das oberste Buch von dem Stoß. Es hieß *Spuren* und war von Bloch. Ich schlug eine Seite auf, eine der letzten oder die letzte, es waren kurze Stücke, das war mir recht. Eines der kürzesten las ich gleich. Über dieser Geschichte bin ich eingeschlafen und bin ich nie mehr einge-

Gegend beim Untersberg

schlafen, vielleicht habe ich damals das Lesen wiederentdeckt. Die Geschichte hieß *Der Berg* und ging so:

»Ein Jäger mit Namen Michael Hulzögger, berichtet ein Volksbuch aus der Gegend, ging an einem Sommertag des Jahres 1738 in den Forst am Untersberg. Er kam nicht wieder, ließ sich auch nirgends anderswo blicken. Man hielt endlich dafür, er habe sich verstiegen oder sei über eine Felswand abgestürzt. Nach mehreren Wochen ließ sein Bruder auf der Gmain, wo sich in der Nähe des Bergs eine Wallfahrt befindet, für den Verlorenen eine Messe lesen. Aber noch während dieser trat der Jäger in die Kirche, um Gott für seine wunderbare Rückkehr zu danken. Von dem jedoch, was er erlebt und im Berg erfahren hatte, sprach er kein Wort, sondern blieb still und ernst und erklärte, daß die Leute wohl kaum Genaueres erfahren würden, als was Lazarus Gitschner davon geschrieben habe; auch den Enkeln und Urenkeln dürfte schwerlich mehr mitgeteilt werden. Dieser Lazarus Gitschner aber hatte nichts gesehen als einen Stollen unter dem Königssee und den Kaiser Friedrich, wie er einst auf dem Welserberg verspukt wurde, auch ein Buch mit Prophezeiungen und was sonst in die Sagen schon eingegangen war. Andres brachte man aus dem Jäger nicht heraus, ja, sehr zum Unterschied von seinem früheren Wesen verstummte er bald völlig. Der Erzbischof Firmian von Salzburg hatte ebenfalls von dem rätselhaften Verschwinden und Wiederkehren des Jägers gehört und ließ ihn rufen. Aber Hulzögger blieb auch vor dem Kirchenfürsten stumm, antwortete auf alle Fragen, daß er über seine Erlebnisse nichts sagen dürfe und könne; nur die Beichte sei ihm erlaubt. Nach der Beichte legte der Bischof sein Hirtenamt nieder und schwieg bis an sein Ende. Das ist beiden bald gekommen. Es soll friedlich gewesen sein.«

Dieser Michael Hulzögger begleitet mein Herz seither durch das Land um den Untersberg und weiter herum, wenn ich weiter herum komme. Manchmal treffe ich ihn auch. Er hat nichts an den Hut gesteckt, nickt leicht oder läßt es sein. Manchmal fährt er sich mit der Hand über die Schulter, aber das tun andere auch, wenn es ihnen danach ist. Das ist sicherlich kein besonderes Kennzeichen. Und manchmal stolpert er über die verkauften Wiesen und verläßt sie rasch wieder. Eigentlich ist das eilige und stolpernde Verlassen dieser Wiesen sein Kennzeichen. Wer soll das aber wiederum wissen, der nicht weiß, wie lang er schon zwischen den Kohlstrünken herumstrauchelte. Deshalb weiß ich auch nicht, ob der Michael Hulzögger, den ich ab und zu sehe, der richtige ist. Was sollte es mir auch nützen, wenn ich es wüßte? Beichten könnt er mir nicht, was er im Berg außer den bekannten Schätzen und den bekannten Personen noch gesehen hat. Und der Bischof Firmian könnte mirs noch weniger beichten, den treffe ich auch nie.

Richard Beer-Hoffmann: Paula. Ein Fragment

Das berühmte »Weiße Rößl« liegt mit dem Ort St. Wolfgang zwar im Bundesland Oberösterreich, der Wolfgangsee gehört aber zum größten Teil zu Salzburg und bildet so den Kern des »Salzburger Salzkammergutes«. Der See und seine Hauptorte sind in den Sommermonaten stark besucht, nur wenige Abschnitte erlauben Ruhefindung. Einer davon ist Fürberg nahe St. Gilgen. Hier quartierte sich 1896 ein frisch verliebtes Paar aus Wien ein: Richard Beer-Hoffmann, ein ökonomisch unabhängiger Schriftsteller, und die um 13 Jahre jüngere Paula Lissy, ein »einfaches« Mädchen. Das Paar heiratete zwei Jahre später. Erst der »Anschluß« zerstörte das ruhige Leben der Familie: Paula starb überraschend auf der Flucht vor den Nazis 1939 in Zürich. Nach dem Tod seiner Frau schrieb Beer-Hoffmann im amerikanischen Exil nur mehr an einem Werk: einem Buch ganz privater Erinnerungen, vor allem an Paula. Die oft zärtlichen Annäherungen an Erinnerungsbilder waren von Beginn an als Fragment gedacht.

Fürberg mit Blick auf St. Gilgen

Den nächsten Nachmittag schon sind wir am See von Sankt Wolfgang. In Fürberg, an der locker besiedelten Nordseite des Sees – dort wo der Weg längs des Ufers nicht mehr weiter führt – steht ein kleiner Gasthof. Im Bauernhaus daneben wohnen wir – allein, die Sommergäste sind noch nicht da. Am Vormittag hängen wir das kleine graue Flachboot – es gleicht einer plumpen bäuerlichen Gondel – mit einer Kette am verwitterten schlüpfrigbemoosten Pfahl an, der nahe dem Landungssteg aus dem Wasser ragt, umspielt von jäh auseinanderstiebenden, und rasch wieder vereinten Schwärmen glitzernder Fischbrut. Mit Polstern und Decken lege ich morgens das Boot aus, und von seinem sanften Schaukeln bald in Schlaf gewiegt, wacht sie [Paula, Freundin des Autors, d. Hrsg.], – so tief ist der Schlaf der seit langem Übermüdeten – nicht auf, wenn Wellen des kleinen Dampfers, von der drübern Seeseite bei uns anlangend, stark an die Bootswand schlagen und uns hart ans Ufer drängen.

Am frühen Nachmittag, ehe noch aus Sankt Gilgen, gegenüber von uns, Sommergäste ins Wirtshaus kommen, sind wir schon auf einem kleinen Wiesenhang abseits, der sanft zum Ufer sich senkt, hinab begleitet von einer dichtverwachsenen mannshohen Hecke aus reich blühendem weißdoldigem Holler, dornigen Berberitzen mit noch hellgelben Blütentrauben, und wilden Rosen, die mit den Spitzen ihrer überhängenden Zweige schon ins Wasser des Sees tauchen. Wenn wir vom Wirtshaus zum Hang hinübergehen, darf ich meinen alten, blau-grün schottischen weichen Plaid und mein Lodencape hinübertragen. Aber das übrige trägt sie selbst, denn es schickt sich nicht, findet sie, daß ich den weißen, hoch gefüllten Daunenpolster, den die Wirtin uns geliehen, trage, oder den grellroten Sonnenschirm mit der breiten buntgedruckten Blumenborte, den wir drüben in Sankt Gilgen gekauft haben. Von dort ist auch ihr »Dirndl-Kleid« aus blaßrotem, weißgepunktetem Kattun, die hellblaue grobfädige Leinenschürze, das weiße kurzärmlige – ein wenig zu große – Hemdleibchen mit dem gezogenen – zu weiten – runden Halsausschnitt, und die schweren, bäuerischen, ganz aus hellem Holz geschnitzten Schuhe, die sie nur nachmittags nimmt, weil wir auf dem Weg zu unserm Wiesenhang einen feucht durchsickerten, unter unsern Schritten nachgebenden Rasenstreifen überqueren.

Den Plaid – Paula hat ihn sofort liebgewonnen, und abends, wenn wir auf der Bank vor dem Haus sitzen, und ich, weil es kühl vom See aufsteigt, ihn über ihre Knie lege, ihre Füße in ihn einschlage, streichelt sie ihn, als wäre er ein altes, treues, anhängliches Tier – den Plaid breiten wir auf der Wiese aus, sie achtet darauf, daß es nie die gleiche Stelle wie tags zuvor ist, damit die niedergedrückten Halme und Blumen sich wieder aufrichten können, der aufgespannte rote Schirm wird schräg so gestellt, daß er den weißen Polster überschattet, sie schlüpft aus den Holzschuhen und steht, so wenig am Boden haftend, so schwerlos da, als wäre sie nun, da das Gewicht der Schuhe sie nicht mehr am Boden festhält, bereit, dem Seewind, der nachmittags leicht über den Hang streicht, sich zu geben, und von ihm umfangen, in die wolkenlose blaue Helle über uns sich tragen zu lassen.

Sie kniet nieder und schüttelt den Polster locker. Ich liege, gelehnt an eine niedere Bodenwelle, ein paar Schritte abseits, neben mir, auf dem Rasen, ein Buch. Sie lächelt mir zu: »Du mußt wirklich lesen, ich schlaf ruhiger, wenn ich weiß, daß du liest!« – Dann läßt sie sich ganz zu Boden gleiten, rückt, mit schon gelösten Gliedern, sich noch zurecht, bis beide Schultern auf dem weich einsinkenden Polster gebettet sind, wendet den Kopf zur Seite, und schließt die Augen.

Es ist still. Nur – vom See herauf – ein jähes helles Aufplätschern, wenn ein Fisch aus dem Wasser sich schnellt, und – ganz nah – das tiefe friedliche Brummen dickpelziger Hummeln, die, im stark duftenden ersten Blühen der noch nicht gemähten Wiesen rings um uns, mit schwerer Last, wie trunken von Kelch zu Kelch torkeln. Ein spielendes Paar kleiner

Bläuling-Falter streift, vom Wind getrieben, ihr Gesicht, und verfängt sich fast in dem feinen seidigen Haar, das, aus der Stirn aufflutend, sich teilt, in lockern, blond überglänzten Wellenbergen und dunkleren Wellentälern längs der Schläfen hinabschwebt, flüchtig den Rand der Wangen überfließt, dem schlanken Hals leicht sich anschmiegt, und dann mit ihm in der weich entgegenquellenden Mulde des Polsters verborgen ruht – – aber die begonnene edle Linie gelassenen Wogens schwingt weiter – vom sanft sich buchtenden weißen Nacken hinüber zur zart gerundeten glatten Kuppe der Schulter, die aus dem seitlich verschobenen Ausschnitt des Hemdleibchens hell umsonnt ragt.

Franz Dückher: Saltzburgische Chronica

Man hat errechnet, daß das Erzstift Salzburg aus der Salzgewinnung am Halleiner Dürrnberg (die Silbe »hall« in Ortsnamen ist keltischen Ursprungs und bedeutet »Salz«) bis zu einem Drittel seiner Staatseinnahmen bezog. Ab dem Ende des 13. Jahrhunderts wurde dieses wertvolle Exportgut im Soleverfahren rigoros ausgebeutet, im Rekordjahr 1590 betrug die Salzproduktion 36.000 Tonnen. Wie der »Hoch-Fürstlich Saltzburgische Hoff- und Kammer-Rath« Franz Dückher in den Ortsbeschreibungen seiner Chronik anno 1666 zu berichten weiß, fand man in den Stollen immer wieder sehr gut erhaltene Leichen – »Männer im Salz«. Für heutige Archäologen wäre ein solcher Fund eine Sensation, kann man doch annehmen, daß diese Männer Kelten waren.

Hällein: 2 Meil oberhalb Saltzburg / alda wird das Saltz gesotten / so auß dem rechtsgelegnen Saltzberg / der Dürnberg genannt / gegraben / unnd davon die Saltzsur auff die Pfannen in Röhren geführt wird. Im Jahr 1567 hat die Salzach den 30. Juli allhie an dem Saltz unnd Saltzpfannen unsäglichen

Schaubergwerk Dürrnberg bei Hallein

Schaden gethan. Anno 1573 hat man auff dem Dürnberg in dem Saltzberg 6300 Schuch tieff aus einem gantzen harten Saltzstein ein vollkommnen Mann mit Fleisch / Haut und Haar / so 9 Spannen lang gewesen / außgehauen / so etwan vor langer Zeit allda verfallen gewesen / er ist an Haut und Fleisch gelb / wie ein geselchter Stockfisch gewesen / und im haissen Sommer etlich Wochen lang bey der Kirchen gelegen / ehe er zu faulen angefangen. Deßgleichen auch einer Anno 1616 allda gefunden unnd etlich Jahr unverwesen behalten worden.

Walter Höller: Dorffragmente

Der kleine Ort Rußbach am Paß Gschütt leistet sich den Luxus eines Dorfschreibers. Ein Schriftsteller wird über längere Zeit auf Kost und Logis eingeladen. Während seines Aufenthalts schrieb der erste Geladene, Walter Höller, gleich ein ganzes Buch voller »Notizen aus Rußbach«. Die Kurztexte und Gedichte sind Momentaufnahmen aus einem etwas abseits liegenden, dennoch durch Fremdenverkehr geprägten Ort, der ein reges dörfliches Leben aufweist.

13 Uhr 10

Am Empfang vorbei mit den Prospekten über die Ausflugsziele in der Umgebung und den Betriebszeiten der Hornbahn sowie den Ansichtskarten vom Hotel, das wie eine Wagenburg den Randobach gegen den Angriff neugieriger Blicke abschirmt, draußen der Peham beim Schneeschaufeln ruft mir einen Gruß nach, dem kaufmännischen Teil des Dorfes mit den beiden Lebensmittelläden und der Raiffeisenkassa nebst Bankomat (jaja, Goldegg besitzt noch immer keinen) die kalte rechte Schulter zeigen und mich nach links wenden, die Dorfstraße entlang an der Post vorbei mit dem Schalterbeamten, der später mit dem Peham am Tisch beim Bier sitzen wird, und gleich wie der entfernte Geruch von Grillwürsteln mit Pommes frites der Volksfeste meiner Kindheit die Schwaden einer Melodie, die ich Suzi Quatro und Chris Norman zuordne und beim Näherkommen tatsächlich als die deutsche Version von »Stumblin' in« identifiziere, und sie kommt aus einer kleinen schwarzen Box direkt unter dem Dachvorsprung vom Gasthof »Neuwirt«, als hätten die Töne dort oben ihr Nest gebaut und die Schlagerzeilen flatterten wie schwachsinnige Schwalben um ihre Jungen herum:

Rußbach

aber noch merkwürdiger der Gedanke, daß ich, wenn ich nur eine halbe Stunde hier stehenbliebe, für zweieinhalb Minuten meine eigene Stimme im lokalen Radioprogramm hören würde können, aus der kleinen schwarzen Box unter dem Dachvorsprung, und den Parkplatz nur für Gäste des Gasthofs Neuwirt im Rücken ...

Franz Karl Weidmann: Touristen-Handbuch

Sucht man heutzutage im Salzburger Land Wasserfälle, die man mit Superlativen bedenken kann, findet man sie im Oberpinzgau. Die Krimmler Wasserfälle werden stolz als die »höchsten Europas« angepriesen. 1845 hingegen fanden die Krimmler Kaskaden im Touristenführer des Franz Karl Weidmann nur eine kurze Erwähnung, der Gollinger Wasserfall war damals die Sensation. Die Form der Wasserfälle an den Abhängen des Hohen Göll trafen genau den Zeitgeschmack: ein »romantisches« und »pittoreskes Schauspiel«, das daher ein Fixpunkt jedes Salzburg-Besuches war. Weidmann schrieb mit seinem Gebrauchstext fort, wovon um 1800 die »Entdecker« der landschaftlichen Schönheiten schwärmten. Im Sinne Rousseaus und einer ästhetisch-empfindsamen Naturrezeption wurde die Gegend um Salzburg in den ersten Jahrzehnten des 19. Jahrhunderts als einziger großer Landschaftsgarten wahrgenommen, in dem Schönheit und Natur eine Symbiose eingehen.

Kein Reisender passiert den Ort, ohne eine der interessantesten Naturmerkwürdigkeiten der Umgebung, den herrlichen Wasserfall des Schwarzbaches, insgemein Gollingfall genannt, eine der pitorreskesten und großartigsten Cascaden in der ganzen Alpenkette, besichtigt zu haben. Man wandelt eine starke halbe Stunde dahin; wer nicht zu Fuße wandern will, findet im Posthause stets kleine, leichte, einspännige Kaleschen bereit, um hingefahren zu werden. Der Weg führt vom

Gollinger Wasserfall

Markte aus über den fast 100 Klaster langen Fahrsteg über die Salzach, dann stets westlich an der romantisch, auf einem, einst vom höhern Gebirg abgestürzten, kolossalen Felsblock liegenden St. Nikolaus-Kirchlein vorüber. Sie ist eine Filiale von Golling, und gehört zur Gemeinde Torrenn (mit 9 Alpen und 35 Hütten). Wir nähern uns sodann auf einem, durch gut kultivierte Felder sich schlängelnden Wege dem Schwarzbach zu, dessen Brausen uns die nahe Cascade ankündet. – Eine Schrifttafel zeigt uns die Richtung, die wir in dem uns nun aufnehmenden Walde zu halten haben, und bald stehen wir an dem prächtigen Wasserfalle. Er stürzt in drei Abtheilungen über den Fels herab. Leider ist der natürliche Bau dieser Etagen so, daß man nicht alle drei Fälle überschauen kann. Um den Lesern ein Bild des Falles zu geben, erheben wir uns zuerst bis zur obersten Abtheilung. Gut gebahnte Pfade, an den steilsten Stellen mit Treppen, und an den schönsten Ansichtspunkten mit Rastbänken versehen, führen auf den obern Theil des Felsens. Dort öffnet sich in den Wänden des hohen Göll eine Höhle, in welcher ein kleiner Teich mit starkem Zufluß sich bildet, der sich, die Felsblöcke übersprudelnd, hinab stürzt über die Wand, und so die erste Abtheilung des Falles bildet; tiefer unten sammelt er sich wieder in einem Becken, über welches die Natur eine prächtige Felsenbrücke wölbte, hinter deren Bogen nun im leichten Schwunge die Cascade ihren zweiten Sturz bildet; ein wahrhaft zauberischer, über alle Beschreibung pittoresker Anblick. Die Romantik dieses Bildes wird von keinem andern Schauspiele dieser Art in der gesammten Alpenkette überboten. Dann nähert sich das Gewässer der dritten Abstufung, und bildet daselbst einen reichen, malerischen Sturz in ein weites Becken, worauf dann der Bach hinaus strömt, sich mit der Salzach zu verbinden. Die ganze Scenerie des Wasserfalls ist von ergreifendem Zauber. Die Höhe der Grotte, woraus der Bach strömt, fand ich 329 Fuß über dem Thalboden. Die Sage geht, der Schwarzbach sey ein Abfluß des jenseits des mächtigen Felsenwalles des Göll liegenden Königsees in Berchtesgaden. Die Schiffer auf dem Königsee zeigen dem Fremden eine Kluft, in welche sich beständig Seewasser ergießt, und nennen diese Kluft das Kuchlerloch, indem sie behaupten, das Waser ströme durch den Göll, und ergieße sich dann jenseits in der Nähe von Kuchl.

Franz Schubert: Brief an Ferdinand Schubert

1825 unternahm Franz Schubert mit dem Hofopernsänger Johann Michael Vogl eine Reise nach Bad Gastein. Diese Reise ist deshalb so vielbeachtet, weil vieles darauf hinzudeuten schien, daß Schubert an einer verschollenen »Gmundner-Gasteiner« Symphonie arbeitete – wahrscheinlich waren es aber Vorarbeiten zur großen C-Dur-Symphonie. Ferdinand, der Bruder Schuberts, an den der Brief gerichtet ist, meinte nach dem Tod des Komponisten, die Tage in Gastein seien »unter die schönsten seiner Lebenstage« zu zählen. Während der Anreise dürfte Schubert noch nicht so gut gelaunt gewesen sein. Am Weg erregte einiges sein Mißfallen, etwa das Gedenken an die Kämpfe gegen die Franzosen und Bayern am Paß Lueg. 1809 war es dem Tiroler Schützenkommandanten Joseph Struber gelungen, die Stellung gegen die Übermacht zu halten. Aber Schubert konnte mit dieser Heroik nichts anfangen, zudem hatte er wohl kein großes Faible für Reisebeschreibungen.

Wir fuhren also weiter über Golling, wo sich schon die ersten hohen, unübersteigbaren Berge zeigten, durch deren fürchterliche Schluchten der Paß Lueg führt. Nachdem wir dann über einen großen Berg langsam hinaufkrallten, vor unserer Nase, sowie zu den beiden Seiten schreckliche Berge, so daß man glauben könnte, die Welt sei hier mit Bretern vernagelt, so sieht man plötz-

lich, indem der höchste Punct des Berges erreicht ist, in eine entsetzliche Schlucht hinab, und es droht einem im ersten Augenblicke einigermaßen das Herz zu schüttern. Nachdem man sich etwas von dem ersten Schreck erholt hat, sieht man diese rasend hohen Felswände, die sich in einiger Entfernung zu schließen scheinen, wie eine Sackgasse, und man studirt umsonst, wo hier der Ausgang sei. In dieser schreckenvollen Natur hat auch der Mensch seine noch schreckenvollere Bestialität zu verewigen gesucht. Denn hier war es, wo auf der einen Seite die Baiern, und die Tyroler auf der andern Seite der Salzach, die sich tief, tief unten brausend den Weg bahnt, jenes grauenvolle Morden vollbrachten, indem die Tyroler, in den Felshöhlen verborgen, auf die Baiern, welche den Paß gewinnen wollten, mit höllischem Lustgeschrei herabfeuerten, welche getroffen in die Tiefe herabstürzten, ohne je sehen zu können, woher die Schüsse kamen. Dieses höchst schändliche Beginnen, welches mehrere Tage und Wochen fortgesetzt wurde, suchte man durch eine Capelle auf der Baiern Seite und durch ein rohes Kreuz in den Felsen auf der Tyroler Seite zum Theil zu bezeichnen und zum Theil durch solche heilige Zeichen zu sühnen. Du herrlicher Christus, zu wie viel Schandthaten mußt du dein Bild herleihen. Du selbst das gräßlichste Denkmal der menschlichen Verworfenheit, da stellen sie dein Bild auf, als wollten sie sagen: Seht! die vollendetste Schöpfung des großen Gottes haben wir mit frechen Füßen zertreten, sollte es uns etwa Mühe kosten, das übrige Ungeziefer, genannt Menschen, mit leichtem Herzen zu vernichten? – Doch wenden wir unsere Augen ab von so niederschlagenden Betrachtungen und schauen wir lieber, daß wir aus diesem Loch hinauskommen. Nachdem es nun eine gute Weile abwärts geht, die beiden Felswände immer näher zusammenrücken und die Straße sammt dem Strom auf 2 Klaftern Breite eingeengt werden, so wendet sich hier, wo man es am wenigsten vermuthet, unter einem herüberhängenden Felsen bei dem zornigen Wüthen der eingezwängten Salzach, die Straße zur angenehmen Ueberraschung des Wanderers. Himmel, Teufel, das ist etwas Erschreckliches, eine Reisebeschreibung, ich kann nicht mehr. Da ich so in den ersten Tagen des Octobers nach Wien komme, so werde ich Dir dieses Geschreibsel selber übergeben und Uebrige mündlich erzählen.

III. Im Gebirge

Pongau – Pinzgau – Lungau

Großglockner-Hochalpenstraße

Walter Kappacher: Der Hochkönig

Der knapp dreitausend Meter hohe Gebirgsstock des Hochkönigs zieht mit den imposanten Kalkwänden seiner Südseite die beiden Dörfer Dienten und Mühlbach in seinen Bann. Die Macht des Berges ging der Sage nach so weit, daß er als Stellvertreter einer moralischen Instanz fungierte: Der Name des kleinen Gletschers an seiner Nordseite, »Übergossene Alm«, rührt daher, daß der Hochmut und die Verschwendungssucht der Bewirtschafter eines ertragreichen Almgebietes mit dem Begraben unter ewigem Eis bestraft wurden. Der Schriftsteller Walter Kappacher besucht den Ort Mühlbach am Hochkönig allerdings nicht vornehmlich wegen des sagenumwobenen Berges.

Mein Vater, in Mühlbach zur Welt gekommen und aufgewachsen, ist nie auf dem Hochkönig gewesen, nie ist er auf dem kleinen, windigen Plateau vor der Gipfelhütte gestanden und hat den Blick vom Großvenediger herübergezogen bis zum Dachstein. Wenn sie ihn gefragt haben, warum er, als Mühlbacher, nie auf dem Hochkönig gewesen sei, zuckte er bloß mit den Achseln, als klettere er auf alle anderen Berge lieber als auf den Hochkönig.

Aber ich werde eines Tages auf den Hochkönig steigen. Vor ein paar Jahren einmal war ich schon gerüstet, den Aufstieg zu beginnen. Doch dann begann sich am Mitterberg der Himmel plötzlich zu verfinstern, 500 Meter hinter der Mitterfeldalm, als ich übers Geröll stolperte, fing es an zu schneien, und ich kehrte um. Es war Ende Oktober. Meine Ausflüge fanden immer um diese Zeit statt, fällt mir auf. Ich fahre nicht oft nach Mühlbach, vielleicht alle zwei, drei Jahre einmal. Auf dem Hof meiner Tante bleibe ich ein Fremder. Immer wenn ich ein paar Stunden in der Stube gehockt bin, wenn der schwarze Schäfer »Prinz« endlich aufgehört hat, vor sich hin zu knurren, und die Kinder anfingen, sich an das neue Gesicht zu gewöhnen, wurde es wieder Zeit, ins Dorf hinunter zu laufen, zum 4-Uhr-Autobus.

Erzabbau – die frühere Lebensgrundlage für Mühlbach

Wenn ich mir meine Fahrten nach Mühlbach in Erinnerung rufe, dann merke ich, daß sie meistens einen bestimmten Anlaß hatten. Wenn ich wieder einmal nicht wußte, wie es weitergehen soll, wenn ich irgend ei-ne Tätigkeit, einen Beruf satt hatte, wenn er mich nicht mehr forderte, wenn mir aufging, wie wenig ich von dem, was ich anstrebte, erreicht hatte, wenn ich mir über mich selbst klar werden mußte, dann stellte ich am Abend die Wanderschuhe bereit und nahm am nächsten Morgen, meistens einem Samstag, den ersten Zug nach Bischofshofen. Die halbe Fahrt verschlief ich auf der Holzbank, erst nach dem Luegtunnel, wenn es heller wurde und die Morgennebel über der Salzach sich verzogen, wurde ich wach, und auf dem Bahnhofsvorplatz, beim Umsteigen in den Postautobus, fror ich jedesmal, konnte mich auch auf der halbstündigen Fahrt, auf dieser noch heute abenteuerlichen Fahrt zwischen den Felswänden auf der einen Seite, und der Schlucht, auf deren Grund der Mühlbach sich seinen Weg sucht, auf der anderen, nicht erwärmen.

Mühlbach ist meiner Meinung nach kein Ort, der die Herzen der Reisenden im Handumdrehen gewinnen könnte. Mühlbach ist keine Idylle. Wenn man die zehn Kilometer der schmalen Straße hinter sich gebracht hat, auf der eine Kurve die andere ablöst, und endlich die Ortstafel bemerkt, könnte man glauben, in den hintersten Winkel der Welt verschlagen worden zu sein. Mühlbach zeigt sich nicht gleich zu Beginn von seiner besten Seite. Wer nach Mühlbach fährt, muß zuerst einmal an den Bauhütten, an den häßlichen Gebäuden des Kupferbergwerks vorbei, an den Halden von Gesteinsbrocken und Schlacken. Immer wenn ich nach Mühlbach fuhr, mußte ich so an meine Väter denken, die alle in die Grube gefahren sind, die dann, nach einer endlosen Schicht, halbtot und grau aus dem Berg herauskamen, auf die Anhöhe zu ihrem Hof hinaufstiegen und dort gleich anschließend in den Stall oder aufs Feld gingen. In der zweiten Lebenshälfte litten sie meist an einer Staublunge oder an einer anderen Grubenkrankheit. Gerade in diesen Tagen las ich in der Zeitung, daß die Gruben in Mühlbach geschlossen werden, und ich weiß nicht, ob ich mich darüber freuen solle oder nicht. Ich denke an meinen Großvater, seine Hustenanfälle in der Ausgedingekammer, und ich bin froh, daß die Gruben geschlossen werden, obwohl sie vielen Bergbauern und Bauernsöhnen ein Zugeld verschafft haben, ohne das sie nur schwer hätten existieren können.

Mühlbach ist heute noch ein Ort mit einem eigenständigen Gepräge. Mühlbach posiert nicht. Die Menschen, die hier in diesem Tal am Fuße des Hochkönigs leben, kann man unmöglich verwechseln, nicht einmal mit den Bewohnern der benachbarten Dörfer Dienten, Saalfelden, St. Veit oder Goldegg. Noch ist Mühlbach nicht degeneriert zu einer Absteige für flüchtige Pauschalgäste, die der Computer einer Reiseorganisation hierher dirigiert, weil hier gerade noch Betten frei waren. Aber an all das denke ich nicht, wenn ich in Mühlbach ankomme, mit dem Postautobus, um halb acht in der Früh. Ich denke nicht einmal darüber nach, warum ich immer nach Mühlbach fahre. Es gibt ja bekanntlich im Land Salzburg viele landschaftlich reizvolle Ortschaften. Ich bin in Filzmoos gewesen, in Wagrain, Abtenau, in Rauris, Dienten, Hinterglemm ..., mir hat es überall gefallen, aber nie wäre es mir eingefallen, in Zeiten, wenn mich Ratlosigkeit niederdrückte, woanders hinzufahren als nach Mühlbach.

Karl Heinrich Waggerl: Wagrainer Geschichtenbuch

Karl Heinrich Waggerl war in den Nachkriegsjahrzehnten einer der meistgelesensten österreichischen Schriftsteller. Es bestand großer Bedarf an Beständigkeit ausdrückenden, die Nazizeit vergessen machenden Integrationsfiguren. Sein großer Erfolg lag in seinen unpolitischen, überzeitlichen Texten und nicht zuletzt an seinen Advent- und Weihnachtsgeschichten. Teilweise las er vor mehreren tausend Menschen. Das »Wagrainer Geschichtenbuch« ist das Buch eines erfolgverwöhnten Schriftstellers; im Abschnitt »Wagrainer Tagebuch« erzählt Waggerl von der Urbarmachung seines Gartens, unterbrochen vom Besuch weiblicher Fans.

Ein anderes Mal, während ich am Schreibtisch sitze, weil mir ist, als käme mich ein Gedanke an, trifft mich plötzlich eine Stimme vom Fenster her in den Rücken.

Hier wohnt er, sagt die Stimme.

Ja, sagt eine zweite. Aber er soll so scheu sein.

Was heißt das nun? Natürlich muß ich sogleich aufstehen und leise zum Fenster schleichen, es war immerhin eine ziemlich treffende Bemerkung. Ich schaue hinaus, und weil das nicht mehr zureicht, stecke ich den Kopf durch das Gitter. Aber in diesem Augenblick dreht sich das eine der beiden Wesen noch einmal um und sieht mich mit gerecktem Hals und lächerlich zerrauftem Haar, ich kann um alles in der Welt den Kopf nicht schnell genug wieder einziehen.

Es gibt freilich auch dreistere, die stehen plötzlich vor der Tür und kichern und stoßen sich an. Nach einer Weile klopft es auch wirklich, und dann knöpfe ich in Gottes Namen den Hemdkragen zu und führe die beiden herein. Die eine hat einen Zettel mitgebracht, damit ich ihr einen Vers darauf schreibe, sie sammelt solche Zettel. Die andere aber, die Hübschere, ist eigentlich nur spaßeshalber gekommen, um mir dabei zuzuschauen. Sie hat überhaupt noch keinen lebendigen Dichter gesehen, immer nur Denkmäler.

Waggerls Schreibtisch

Nun, was mich betrifft, ich bin keineswegs aus Stein, sondern ein zugänglicher Mensch. Man darf bei mir in der Stube umhergehen und alles genau betrachten, darf sich in jeden Stuhl setzen und Bilder aus dem Fach kramen, und wenn man einen üppigen Mund hat und winzige Sommersprossen auf der Nase, dann darf man auch Fragen stellen, obwohl mir dabei der Reim wieder entfällt, den ich eben gefunden habe.

Ob ich denn diese vielen Bücher auch alle gelesen hätte?

Einige.

Und wie das eigentlich zuginge, ob ich mich einfach hinsetzte, und schon fiele mir etwas Gereimtes ein? Ach nein, erkläre ich, viel öfter etwas Ungereimtes. Aber die Leute merken es gar nicht immer.

Natürlich, sagt das Fräulein, als habe es ohnehin nichts Besseres von mir und den Leuten erwartet. Und ob ich immer nur Verse machte oder manchmal auch etwas anderes? Ja? Was denn zum Beispiel?

Zum Reispiel diese Uhr an der Wand, behaupte ich, um mir ein neues Ansehen zu geben.

So. Und die Bilder vielleicht auch?

Ja, sage ich zerstreut, denn ich habe den Reim wieder gefunden.

Und diesen Krug auf der Truhe?

Jawohl, erkläre ich, auch den, mein Kind!

Und woraus?

Aus Lehm und Geist, sage ich, und schreibe meinen Vers auf den Zettel.

Aber dann müssen wir beide lachen, denn ich habe schändlich aufgeschnitten, es klebt ja eine Marke unten auf dem Krug.

Nein, sagt die Freundin säuerlich, nein, Liese, du bist entschieden zu vorlaut! Sie ist die Ältere von den beiden, sie hat keine Sommersprossen auf der Nase.

Das Kind aber verstummt, und ich wende mich auch wieder zu meinem Gedicht, ein wenig betreten. Es ist ja wahr, ich sollte mehr Würde zeigen, das bin ich dem Ansehen meiner Zunft schuldig. Wohin kämen wir, wenn jedes stupsnasige Mädchen seinen Spaß mit uns treiben könnte? Wenn gar die Leute anfingen, bei allem, was wir ihnen zeigen, auch den Boden zu besehen!

Nein, wir dürfen uns nicht zu sehr gemein machen, auch in dem nicht, was sterblich an uns ist. Denn der Gott, der nur einmal merken läßt, daß er eine weniger erhabene Kehrseite hat, der ist auch schon entthront.

O. P. Zier:
Himmelfahrt

Der Schriftsteller O. P. Zier entschied sich entgegen der Gepflogenheit vieler Kollegen, nach Salzburg oder Wien zu übersiedeln, in seiner Heimat zu bleiben. Die Orte seiner Biographie sind identisch mit der Topographie seiner Romane: der Übergang zwischen Pinzgau und Pongau – Lend, Eschenau, Schwarzach, St. Johann. Die aufmüpfigen, gegen die Kulturbürokratie und das Vergessen der Nazigreuel ankämpfenden Texte bleiben aber in ihrer Genauigkeit nicht in Regionalität stecken. Der Roman »Himmelfahrt« stellt eine Camouflage dar: der Autor schlüpft in die Rolle eines erfolgreichen Schriftstellers, der Ich-Erzähler wird als unbeirrbar, unangepaßt geschildert, er gibt Tiraden gegen die offizielle und offiziöse Kulturpolitik des Landes und im Land von sich. Der Schriftsteller durchlebt privat eine turbulente Zeit, die Freundschaft zur Millionärsgattin Thea Moser kostet viel Energie. Einer ihrer Ausbrüche aus dem Ehegefängnis führt sie an den Jägersee im Kleinarltal, der Tröster muß ihr zu diesem klassischen Ausflugsziel folgen.

Ich saß im Wagen und fuhr Richtung Kleinarl. Wie so oft machte sich um diese Tageszeit der Schlafmangel am unangenehmsten bemerkbar. Ich war gereizt und ein wenig wütend

Jägersee

über Thea, deren Anruf mir gar keine andere Wahl gelassen hatte, als unverzüglich loszufahren. – Zum Jägersee, mein Gott! Wo ich seit jenem verregneten Schulwandertag zum Tappenkarsee nie wieder hingekommen war. Während wir anderen Schülerinnen und Schüler damals erschöpft in die dampfende Hütte getorkelt waren, hatte sich Alex zuvor noch bei strömendem Regen verschwitzt ins eiskalte Wasser des Bergsees geworfen!

Die mit *nagelneuem* Schnee bedeckten mächtigen Gebirgsmassive schossen mit enormer Geschwindigkeit ins wolkenlose Blau.

Was für eine Landschaft! Und *welche* Menschen drängten in ihr zu Ämtern! In Wagrain empfing einen als unverdrossener Zeuge für die Intelligenz, die im österreichischen Wintertourismus aufgehäuft wurde, dieser haushohe Riesenschneemann, auf den der Bürgermeister der Gemeinde so mächtig stolz war – nicht nur, weil ihm seine Partei dafür ein Landtagsmandat in Aussicht gestellt hatte, da sich so ein Intellektueller unter all den virtuosen Bieranzapfern und Blasmusikdirigenten ganz gut machen würde –, auf den das Ortsoberhaupt dermaßen stolz war, daß der Mann mit dieser innovativen Höchstleistung unbedingt ständig ins Fernsehen wollte und alle Redaktionen sämtlicher Stationen damit nervte. Wenn es ihm wieder einmal gelang, stand er in seiner Lederhose euphorisiert neben der mächtigen Schneeskulptur.

Thea war komplett außer sich gewesen. Sie rufe aus der Telefonzelle beim Gasthaus am Jägersee an. Das Handy habe sie in der Aufregung mitzunehmen vergessen. »Ich habe mit den Hunden flüchten müssen!« Sie wisse weder ein noch aus. Ich solle bitte unverzüglich kommen!

Ich bog in den Parkplatz ein, auf dem Theas Wagen stand, all die anderen PKWs, die daneben etwas mutlos und gedrückt wirkten, schon an Höhe unübersehbar überragend.

Als ich ein Stück die um den See führende und noch in strahlendem Sonnenlicht liegende Straße hinunterging, sah ich sie nach der ersten Biegung: Hektisch zwischen den aufgeregt um sie herumspringenden Tieren, mit einer Sonnenbrille ganz nach Lisbeths Geschmack. Thea in dieser makellosen winterlichen Wildererfilmkulisse – alle landschaftlichen Zutaten in einer einzigen Einstellung ins Bild zu bekommen: Berge, ein Heustadel, Wald, zugefrorener See, das alte Gasthaus (ein ehemaliger feudaler Jagdsitz aus sonnenverbranntem Holz). Sie stürzte sogleich auf mich zu, als sie mich erblickte. Die Hunde begannen freudig hechelnd loszusprinten, im Glauben, sie wolle ein Stück mit ihnen in dieser herrlichen Landschaft laufen.

Heute mittag, erzählte sie mir außer Atem, während die Hunde an uns hochsprangen und mit ihren rauhen Zungen versuchten, über unsere Gesichter zu schlecken, heute mittag habe sie zufällig ein Telefongespräch ihres Mannes belauscht, aus dem sie entnehmen zu können vermeinte, daß er vorhabe, sie mithilfe des Amtsarztes, mit dem er sich bei seinen Lions-Club-Treffen diese dümmlichen Witze erzähle, in die Psychiatrie schaffen zu lassen. »Der Amtsarzt hat zu Mittag angerufen und Richard ist, sogleich nachdem ich ihm das Telefon übergeben habe, damit in sein Zimmer gegangen.«

Durch die Tür habe sie kurz zugehört, sofort die Hunde ins Auto verfrachtet und sei losgefahren. In der Absicht, sich fürs erste vielleicht auf der Hütte am Tappenkarsee in Sicherheit bringen zu können.

Natürlich war mir klar, daß sie, in der Verfassung, in der sie sich befand, einfach kopf- und planlos losgefahren und hier am Talschluß nicht mehr weitergekommen war.

Damit sie sich vielleicht etwas beruhige, schlug ich ihr vor, zum Gasthaus hinunterzugehen und Kaffee zu trinken.

Vor dem Haus saßen die Urlauber mit entblößten geröteten Schultern auf den Bänken der Bierzeltgarnituren, lagen in Liegestühlen und hielten angestrengt ihre Gesichter in die Sonne, um aus den letzten Strahlen dieses Tages noch etwas Bräune zu schinden. Der Schnee rund um das Gasthaus war grießig-naß, und die sich sonnenden Touristen beobachteten uns interessiert, als wir mit der Hundeschar bei ihnen eintrafen.

Ein Familienvater schwenkte seine Videokamera von seinem kakaotrinkenden Sprößling zu diesem tollen weiblichen Wesen mit den vielen Hunden.

Die Comedy vom Jüngsten Gericht

Das Bundesland Salzburg ist verglichen mit Tirol arm an Volksschauspiel-Tradition, nur wenig ist überliefert. Eine große Ausnahme stellt die 1897 in einem Pongauer Bauernhof aufgefundene »Comedy vom Jüngsten Gericht« dar. Das um 1750 aufgeschriebene Stück umfaßt 6685 Verse, was einer Spieldauer von 6–7 Stunden entspricht. An den überlieferten Aufführungen in Altenmarkt wirkten über hundert Personen mit. Der Herausgeber Matthias Jäger mutmaßt, daß der alte »Mesneranger« die Spielstätte war; die Hölle sei auf der Seite des protestantischen Friedhofs situiert gewesen. Ein interessantes Detail, bedenkt man, daß 1731 der Pongau Schauplatz einer rigorosen Protestantenvertreibung war. Die »Comedy« ist somit ein Dokument der Gegenreformation, den Zuschauern wurde in eingängiger Symbolik und einfacher Sprache der katholische Moralkodex drastisch vor Augen geführt – wie etwa in der folgenden Szene, in der nach dem »Chef« hintereinander die Teufel des Geizes, der Unkeuschheit, des Neides, der Völlerei und des Zorns auftreten.

Sathan
Nach meinen Brauch Schier alles strebt,
Waß auf der ganzen Erden lebt
Fast allerseits der Standtsperson
Die Hoffarth ich will bringen an
In allen Stendt man Hoffarth findt
Sogar bey manchen Klainen Khindt
Wan ich mit Hoffarth das Herz einnimb
Zu aller Sinden ich sye leicht bring.

Mammon
Mein Kunst die brauch ich der Gestalten
Nit will bein Jungen, nur bey den alten,
Die alten alzeit geiziger sein
die Jungen thrinckhen lieber Wein
Wan nur der Geiz das Herz besöffen
so wird der Gott bald gar vergössen.
Nur mehr, nur mehr alzeit begehrt
biß man in einschart unter die Erd
Da Kombt er mit der Bueß zu spath
Verliehrt darbey auch Gottes Gnad.

Asmodeus
Ich darf mit meiner Kunst nit scherzen
Der meiste Theill liebt sye von Herzen.
Die Unzucht liebt fast jeder Man
Wo ich das Feyr Due zinten an
Das Feir der geillen Genuß Lieb.
Ich schleich ins Herz ein wie ein Dieb

Wan ich einmal ein Blaz findt drin,
Nit leicht mehr drauß zu bringen bin
Wo geille Lieb in Herzen brinnt
Gott kann nit wohnen bey der Sindt.

Sonnenuhr an der Kirche in Altenmarkt

Belzebub

Der Neid der ist ein rechte Tugent,
Wan er einpflanzt wird bey der Jugent,
In Alter manß nit lassen khan,
Hangt oft der Sellen Heill daran.
So lang der Neid und Grollen bassiert
So wird kein Gnad von Gott verspiehrt
Wan es sein Negsten wohl Dueth gehen
Vor Neid im die Har gen Berg auf stehn,
Darbey Dueth er auch Gott vergössen
Vor Neid in selbst das Herz auffressen.

Belphegor
Mein Bauch Den lieben schier gar allen
Frössen und Sauffen Dueth villen gfallen
Ohn Außnamb fast in allen Standt
Nimbt Fraß und Villerey Iberhandt,
Wan nur der Kopf von Wein besessen,
dan wird das Herz bald Gott vergesen.
Der Fraß ist ein Mueter aller Laster
Für Gottes Tugend ein schädliches Pflaster
Und wo dasselbige wird aufglögt
Die Unzucht sich bald im Herzen bewögt.
Darmit wird Gott beleidiget sehr
mit villen Sinden groß und schwer.

Leviathan
Den Zohrn den due ich blasen ein
Bey Jung und alten, groß und klein.
Schuld, Schimpf und Schandt daß solt er röchen,
Mit einem Mösser solt er erstöchen,
Und wan ich das zu wögen bring,
So seindt oft bede Sellen hin.
Da thuen sye weder Bueß noch Beicht
Und komben in die Höllen leicht.

Ernst Jandl: gastein stubnerkogel

1956: Österreichs Zweite Republik ist ein Jahr nach dem Staatsvertrag gerade dabei, ihre Selbstfindung abzuschließen und sich an ihren altbewährten Symbolen aufzurichten. Die Produktion von Heimatfilmen läuft auf Hochtouren; Toni Sailer gewinnt in Cortina d'Ampezzo drei Goldmedaillen und läutet damit das bis heute ungebrochene Selbstverständnis als »Skination« ein; die Institutionen Staatsoper und Burgtheater werden in den angestammten Gebäuden wiedereröffnet. In diese Idylle hinein schreibt 1956 der damals als Dichter noch wenig bekannte Gymnasiallehrer Ernst Jandl nach einem sommerlichen Aufenthalt in Badgastein das Gedicht »gastein stubnerkogel« – lange vor der in späteren Jahrzehnten weitverbreiteten literarischen Tourismuskritik, aber auch vor dem Beginn der eigenen Arbeit an Laut- und Sprechgedichten (um 1957), die Jandl ab der Veröffentlichung von »Laut und Luise« (1966) so bekannt machen sollte.

Badgastein, Grand Hotel d'Europe

talsalzgetränkt fährt edelweiß seilbahn bergan.
ohne risiko nicken zerbrechliche touristengenicke ins ansichtskartenpockige gesicht der gipfelkessen ramschbude.
über zacken angekauter finger flocken die dreikreuzerwölkchen himmlischer gedanken
aus den hirntuben hölzerner ballone denen sich edelweiß schilling per stück übers brett schiebt.
trinkgeldsehnige kellnerinnen lächeln am zahnzaun des kauträgen frühvormittags indes sich
blind für blinkzeichen gebratener zungenküsse die tausendseelige assel am rost des greifseils höherschwingt.
über die grüne pullmannmütze des begehrten dorftrottels milchbreimäßig ergossen
drehen sich die hölzernen ballone zum takt der schneeverkrusteten runzeln ihres einzigen planeten
stecken stecknadelaugen in die abgedroschenen glatzen aller großglockner
und inspizieren die reisepässe der riesen pedantisch.
die schultern reibend im fett der sonne würgt eine mißgestalt der sehnsucht unablässig
am haarigen kloß in den sie die männer gerollt hat diese haarigen kolosse.
sonne eingetrichtert und verstoppelt beschlagen die sattgesehenen – mit alpen gespickte igel – die fenster der bergabgondeln.
ein pekineser hündchen suchte im steingeruch vergeblich seines gottes ebenbild.

Hermann Burger: Die Wasserfallfinsternis von Badgastein

Nach der Stadt Salzburg ist der Kurort Badgastein der von Literaten am häufigsten aufgesuchte und beschriebene Ort im Salzburger Land. Der vielleicht schönste und kompakteste Prosatext über das gründer-

zeitliche »Weltbad« stammt vom Schweizer Hermann Burger, für seine »Wasserfallfinsternis von Badgastein« erhielt er 1985 den »Ingeborg-Bachmann-Preis«. Der Ich-Erzähler des »Hydrotestaments in fünf Sätzen« nimmt eine Stelle als Nachportier in dem »feudal verwitterten Gasteiner Hof« an, kuriert mit dem radonhaltigen Thermalwasser seine Rückenkrankheit Morbus Bechterew und will als »Schubertianer« der verschollen geglaubten »Gasteiner Symphonie« Franz Schuberts auf die Spur kommen. Burger baut viele Ingredienzien Gasteiner Anekdoten und Mythen ein, der Ausschnitt aus dem dritten Satz – die Prosa ist wie eine Symphonie strukturiert – stellt eine Liebeserklärung an den Gasteiner Wasserfall dar. Burger läßt die Erzählung im vierten Satz mit dem (titelgebenden) absurden Selbstmord des Wasserfalls ausklingen. Die Zuneigung des Nachtportiers Schusterfleck wird belohnt: Er entdeckt, daß die Ache am Versiegen ist, dafür wird er mit den Tönen der »Gasteiner Symphonie« belohnt.

Was, mit Verlaub, Herr Kurdirektor, sind alle Hydroganten der Welt, an der Spitze der Angel in Venezuela mit 978 Metern Sturzhöhe, was die Sutherland-, die Viktoria-, die Niagara-Fälle, der Gavarnie und der Staubbach bei Lauterbrunnen gegen diese unsere, ich sage meine Ache, denn es war Liebe auf den ersten Blick, die in drei Kaskaden von der Pyrker-Höhe durch die tief ausgefräste Schlucht unter der Straubinger Brücke hinweg nach Badbruck hinunterdonnerte, vom Wasserboden oberhalb der Franzmeierschen Säge schäumten die Garben über den Bärentritt und um den Christuskopf ins erste Gletschermilchbecken, die naßglänzenden Klammwände verengen sich zur Port, gepreßt schoß der Stieber hervor und sprühte als tanzende Schleierhose über den senkrechten Felsabbruch, umtoste das Straubinger, dann wechselte man das Geländer und ließ sich mit den glitzernden Gischtbärten und Geisirwolken in den Abgrund und den Strudelkolk von Grabenstätt spülen; als wirbelsäulenverkrüppelter Ochsenschlepp kommt man ja nur schwer an solche Naturschauspiele heran, aber hier auf der bequemen Kommandobrücke mit

Badgastein, Wasserfallweg

dem Messingschild von Rotary International – Luftionisierung durch die Zerstäubung des Gießbaches – spannte ich meinen Thorax zum Bersten und kämpfte um jeden Zentimeter Horizont, himmelwärts verneigte sich der absteigende Typus, hier bewunderte ich, unerachtet meiner Iritis, die Regenbogensegmente über dem Schaum, ließ ich mich begischten und inhalierte das potenzierte Radonozon, die Sophienquelle entsprang ja mitten in der Schleierstufe, und um die Ecke am Hotel Straubinger verkündet die Gedenktafel des Wiener Musikvereins, daß Schubert hier die durch ein Mißgeschick verschollene Gasteiner Symphonie komponiert habe im Sommer 1825, zuerst die Unvollendete, dann die Verschollene, dachte ich, wenn sie sich nicht im dritten Satz der Großen verbirgt, doch mit C-Dur; der Czernyhottentottentonart, kam man dem ohrenbetäubend tumultuösen Wassertornado nicht bei, eigentlich bot sich nur E-Dur an, vier Kreuze, hart wie Zentralgneis; und wenn ich bei Kräften war, mir ein Geselchtes in der Prälatur geleistet hatte, erklomm ich den Wasserfallsteig hinter dem kaisergelben Badeschloß, auch so eine Balneopathenruine, hielt inne beim Mittereck-Wehr, später auf der Schreckbrücke, wo ich dem Gesang der Geister in den Wassern lauschte, dann stieg ich von der Pyrker-Höhe zum sogenannten Echofelsen hinunter, unweit von Waggerls Geburtshaus Bergfriede, hier wurde das Rauschen des Bärenriegels an den konkaven Findling geworfen, und wenn man sich, etwa zwei Schritte vom Kandelaber entfernt, in den Brennpunkt des akustischen Spiegels stellte, hörte man das Tosen im Stein drin, auf dem in Antiqua-Lettern stand: »Gastuna tantum una«, es gibt nur ein Gastein, immer war ich von der Idee besessen, wenn es gelänge, Herr Kurdirektor, das verkorkste Kreuzrippengewölbe meines Bechterewbuckels in dieses Echo der Natur zu schmiegen, quasi in ihr Urgeräusch, müßte der Versteifungsprozeß zu stoppen sein, wirksamer als oben im Heilstollen, sollte das Thema der Verschollenen mitklingen; (...)

Georg Rigele: Die Großglockner-Hochalpenstraße

In den ersten Jahren der Zweiten Republik wurde das Speicherkraftwerk Kaprun zum Symbol des Wiederaufbaus. Die nicht weit entfernte Großglockner-Hochalpenstraße war während ihrer Errichtung in der Zeit des autoritären ständestaatlichen Regimes ebenso nationales Identifikationsobjekt: »Der Bau der Glocknerstraße führt in eine der brüchigsten Verwerfungszonen der österreichischen Geschichte.« Dem Historiker Georg Rigele gelang es in seinem spannenden Sachbuch, die politischen Implikationen dieses Bauwerks mit wissenschaftlicher Prägnanz aufzuspüren. Die Grenzen zur Belletristik sind dabei fließend. Zum einen ist Rigele der Metapher und anderen Tropen nicht abgeneigt, zum anderen scheint die Straße und ihre Errichtung bei vielen Details selbst zum Inhalt eines Romans zu werden. Die Protagonisten und zugleich Autoren dieses Romans waren der Bauleiter und Planer der Trassierung, Franz Wallak, und der Salzburger Landeshauptmann Franz Rehrl. Die Landschaftsinszenierung der beiden zeigt besonders anschaulich der Abschnitt über die »Erfindung der Edelweißspitze«.

Die Namen »Kendlkopf« und »Leitenkopf« entsprachen der Nomenklatur der Alpenvereinskarte 1 : 25.000 von 1928, die die Diskussionsgrundlage der Glocknerstraßen-Planungen darstellte. Auf der älteren Spezialkarte der österreichisch-ungarischen Monarchie 1 : 75.000 (Blatt 5149 »Groß-Glockner«) findet sich statt »Leitenkopf« der Name »Ponek«. Zwischen der Auftragsvergabe und der Verfassung des 14. Bauberichts vom 31. Juli 1934 muß Wallack die Neubenennung des Leitenkopfs/Poneks in »Edelweißspitze« arrangiert haben. In seiner Baugeschichte begründet er die Umbenennung mit der Häßlichkeit des Namens »Poneck« (sic). Der neue Name lag insofern nahe, als die Alpenvereinskarte für den südöstlichen Abhang des Leitenkopfs den Namen »Edelweißleite« verzeichnete. In einem dem Baubericht beiliegenden, aus der Alpenvereinskarte herausvergrößerten Übersichtsplan wurde der Name »Leitenkopf« gelöscht und durch »Edelweißspitze« ersetzt. Von da an trug die Edelweißspitze als höchster mit dem Auto erreichbarer Punkt Österreichs (2572 m) zur Popularität der Glocknerstraße bei. Die 1,6 km lange Edelweißstraße wurde in rasender Arbeit binnen sechs Wochen fertiggestellt und am 23. September 1934 eröffnet. Die »Spitze« der Edelweißspitze war vor dem Straßenbau eigentlich eine Kuppe, die für den Parkplatz zuerst zum Teil und später vollständig gekappt wurde, wodurch sie fünf Meter Höhe verlor. Sie trägt seit 1955 den zweistöckigen Edelweißturm als Bekrönung.

Großglockner-Hochalpenstraße beim Fuscher Törl

Rehrl beschäftigte sich auch mit der Idee einer Beleuchtungsanlage auf der Edelweißspitze, die den Gipfel in Sommernächten als Wahrzeichen der Glocknerstraße erstrahlen lassen sollte. Der Verein »Österreichisches Schwarzes Kreuz« lieferte dazu einen Entwurf für ein 15 m hohes »Heldenkreuz« aus Stahl und Kupfer, das vier starke Scheinwerfer anleuchten sollten.

Kombiniert mit einem Grabmal für unbekannte Gefallene

aus dem Weltkrieg hoffte das »Schwarze Kreuz« auf der Edelweißspitze ein »rühmliches Golgatha der Doppelmonarchie« errichten zu können, das den »Glanz des alten und den Aufstieg des jungen Österreich urbi et orbi künden würde (...). Wie mächtig müßte doch das hoch am nächtlichen Himmel von starken Lichtbündeln wie von einer Aureole umstrahlte Kreuz auf jeden Beschauer und insbesondere auf die Seelen unseres ringsum wohnenden gläubigen Alpenvolks wirken!«

Die Überformung der Landschaft durch die Glocknerstraße wirkt von der Edelweißspitze (deren Illumination mit Ausnahme eines Freudenfeuers in der Nacht auf den 3. August 1935 unterblieb) von allen Passagen am stärksten. Die Aussicht bietet ein vollständiges Gipfelpanorama mit einem wahren Stakkato an Dreitausendern, Fernblicken und Tiefblicken. Wer genau schaut, erkennt hinter dem Sinwelleck sogar ein Stück vom Großglockner. Wallack verzichtete im Foto-Panorama der offiziellen Glocknerstraßen-Karte auf die Beschriftung des im Weg stehenden Sinwellecks, um den »Chef« zu betonen. Ansichtskarten hielten und halten es ebenso.

Die Aussicht von der Edelweißspitze enthält zudem ein Element der Selbstinszenierung der Straße. Man sieht die Törlkopfumfahrung, die Edelweißstraße, mehrere Kehren der Nordrampe und die Strecke bis zum Hochtor mit den zwei schwarzen Punkten der Tunneleinfahrten in den Mittertörl- und den Hochtortunnel. Die Fuscher Lacke wurde zu einem »kleinen Alpensee« aufgestaut, damit sie bei Trockenheit nicht als unansehnlicher Tümpel das Bild störte.

Catarina Carsten: Das Tal vor meinem Fenster

Dem Journalisten und Schriftsteller Erwin Gimmelsberger und einigen Gleichgesinnten war es zu Beginn der siebziger Jahre ein Anliegen, Literatur »auf das Land«, »unter die Leute« zu bringen. In der Pinzgauer Tauerngemeinde Rauris fanden sie dafür ein offenes Ohr, und 1971 fanden die ersten Rauriser Literaturtage statt. Mittlerweile ist die alljährlich Ende März stattfindende Veranstaltung etabliert, und der Rauriser Literaturpreis für die »beste deutschsprachige Erstveröffentlichung des Jahres« garantiert mediales Interesse. Neben den Lesungen in alten Wirtstuben gehört es zum »Rauriser Flair«, die Begegnung mit der einheimischen Bevölkerung zu suchen. Inwieweit die Veranstaltung ein hermetisches Treffen angereister Literaturfreunde inmitten schönster Bergwelt geblieben ist, sei dahingestellt – die erste »Marktschreiberin« von Rauris, Catarina Carsten, ist jedenfalls über die Jahre hinweg wie nur wenige »Fremde« akzeptiert worden. In ihrem 1984 verfaßten Journal »Das Tal vor meinem Fenster« versucht sie das Typische an der Beziehung von Rauris und Literatur zu beschreiben.

»Fest steht«, sagt der Bürgermeister, »die Literaturtage haben Rauris im ganzen deutschsprachigen Raum bekannt gemacht.«

Über 150 Autoren haben hier in den letzten fünfzehn Jahren gelesen, aus Österreich, beiden Teilen Deutschlands und der Schweiz. Nur ein paar Namen: Ilse Aichinger, Thomas Bernhard, Horst Bienek, Alois Brandstetter, Günter Eich, Peter Handke, Peter Härtling, Wolfgang Hildesheimer, Uwe Johnson, Adolf Muschg, Gabriele Wohmann, Zbigniew Herbert. Das Besondere an den Lesungen sind die Orte. Natürlich wird auch im Festsaal der Schule gelesen. Solche Säle gibt es überall. Was es nur in Rauris gibt, das sind die Bauernstuben in Bucheben, in Wörth oder im Markt.

Beim Örg-Bauern oder »in der Schütt« im Seidlwinkel, da

liest man anders als anderswo. Auch die »Lesungen auf der Stör« sind typisch für Rauris.

Für Uneingeweihte: »Auf die Stör« gingen in vergangenen Zeiten Handwerker aller Zünfte. Sie blieben auf einem Hof, arbeiteten dort, was anfiel. War die Arbeit getan, nahmen sie Abschied, zogen weiter.

Rauris

Ich habe in Rauris ein paarmal gelesen. In der Schule, im »Reiter-Stüberl«, im »Kerzenstüberl« des »Rauriser Hofs«. Unvergessen sind die Lesungen beim Örg-Bauern. Ohne Fernsehen, ohne Presse. Der Bauer lädt »seinen« Autor ein zu einer Lesung, nur für die Familie und deren Freunde. Ein kleiner Kreis.

Als ich das erste Mal dort las, hielt der Örg-Bauer, Josef Loitfellner, eine kurze Rede. Er sagte: »Liebe Frau Carsten, in dieser vier Jahrhunderte alten Stube haben schon viele Meister ihres Handwerks gearbeitet. Das sollen Sie wissen. Und jetzt darf ich Sie um Ihre Lesung bitten.«

Es war während der Lesung, daß ich etwas erlebte, was ich auf keiner Lesung zwischen Wien und Düsseldorf je wieder erlebt habe. Wieder war es der Örg-Bauer, der nach einem Gedicht sagte: »Bitte sagen Sie das Gedicht noch einmal. Ich möcht' es mir behalten.«

Ich hab' es noch einmal gesagt und ihm später aufgeschrieben.

Es ist eins von den Gedichten, die ich im März 1979 im »Sonnhof« in Rauris geschrieben habe.

Rauriser Tal

Ich kenne wahrhaftig ein Stück Welt
und weiß, was ich gesehen habe.
Doch wenn ich im »Sonnhof« am Fenster sitze,
die Berge, immer die gleichen, im Blick,
das Tal, das ich auswendig kenne,

vergesse ich die Seen in Finnland,
den Königspalast in Sintra,
den Golf von Neapel, Paris und Rom
und lerne immer neue Strophen
eines unausschöpfbaren Texts.

D. H. Lawrence: Die Hauptmannspuppe

Der gegenüber Zell am See gelegene Ortsteil Thumersbach war mit seinen schönen Seegründen und Villen besonders in der Zwischenkriegszeit beliebtes Refugium für wohlhabende Sommerfrischler. Stefan Zweig verbrachte hier einige Sommer, und zu Beginn der Zwanziger war der englische Romancier D. H. Lawrence hier bei einem befreundeten Oberst zu Gast. In seiner 1923 erschienenen Erzählung »Die Hauptmannspuppe« verarbeitete er teilweise diesen Aufenthalt. Zwar trifft er die Sommerstimmung am Gebirgssee genau und erwähnt auch die Hyperinflation der Nachkriegszeit, doch war ihm nicht an topographischer Prägnanz gelegen: Er verpflanzt das Geschehen irrtümlich nach Tirol, und Zell trägt den Namen des benachbarten Kaprun. Lawrence legte vielmehr das Hauptaugenmerk auf das Akzeptieren der Naturkräfte im Menschen (»das Verlangen des Fleisches«). Die verarmte Gräfin Hannele hat eine Liaison mit einem verheirateten englischen Hauptmann, sie überlegt aber auch, ob sie auf die Avancen eines österreichischen Regierungsrates eingehen soll – schließlich fasziniert sie das rhetorische Talent dieser unzeitgemäßen Figur.

Zeller See

Diese Rednergabe war es, die Hannele anzog. Er begann, sobald das Essen auf den Tisch kam: und nach dem Essen nahm er Kanne und Weinglas mit hinaus auf den Balkon der Villa, über dem See, und redete weiter bis Mitternacht. Die Sommernacht war still und warm: der See lag tief und voll, und drüben glitzerten die Lichter des alten Städtchens. Die Luft schmeckte ein wenig, ein ganz klein wenig nach Schnee: das kam von den hohen Gletschergipfeln, die drüben, unsichtbar, in die Nacht ragten. Zuweilen fuhr ein Boot mit einer Laterne gitarrenschwirrend vorüber. Die Blüten der Klematis, deren Ranken von der Terrasse niederhingen, waren ganz schwarz, wie Blätter.

Es war so schön hier mitten im Herzen Tirols. Die Hotels funkelten von Licht: elektrisches Licht war ja noch immer billig. Reich und voll und schön war die Nacht. Und doch barg sie auf geheimnisvolle Art alle Schrecken der Zerstörung: es war, als winde die Kraft des Lebendigen sich in Qualen, als verrinne unablässig sein Blut.

Es kam zur Verlobung. Aus einem Grunde, der ihr selbst nicht recht klar war, aber zögerte sie vor der Heirat.

In Österreich sein: das hieß damals so viel wie auf einem Wrack sein, das nach kurzer Zeit sinken mußte. Und den Herrn Regierungsrat heiraten: das hieß so viel wie den zum Untergang verurteilten Kapitän des zum Untergang verurteilten Schiffes heiraten. Dieses Gefühl unabwendbaren Geschickes machte einen Teil der Verlockung aus.

Und doch zögerte sie. Die Sommerwochen gingen hin. Die Fremden fluteten herein und überschwemmten das Städtchen und verzehrten alles Eßbare wie die Heuschrecken. Das Papiergeld wurde nicht mehr gezählt, sondern nach Kilogramm gewogen. Die Bauern stapelten es in einer Ecke der Mehlkiste auf, und die Mäuse nagten Löcher hinein. Niemand wußte, woher die nächste Sendung Lebensmittel kommen sollte: aber sie kam eben; immer. Und der See wimmelte von Badenden. Als Hauptmann Hepburn ankam, betrachtete er voll Erstaunen die Scharen stämmiger, starker junger Burschen, die den ganzen Tag badeten, und all das prachtvolle blonde Fleisch männlichen und weiblichen Geschlechts. Kein Wunder, daß die alten Römer staunend vor den mächtigen Gliedern der blonden Riesen im wilden Germanien standen.

Ja, das Leben war nun einmal zur Besessenheit geworden. Die Hotels nahmen fünfzehnhundert Kronen für den Tag; die Frauen, alte wie junge, prunkten in Bauerntrachten: geblümten Baumwollkleidern mit bunten kostbaren Seidenschürzen; die Männer trugen das Tirolerkostüm: nackte Knie und kurze Jäckchen. Lederhose und blaue Leinenjacke mußten so alt wie nur irgend möglich sein, wenn der Mann als vorschriftsmäßig gekleidet gelten wollte. Ein Loch in der Sitzfläche erhöhte den Wert.

Alles war so ganz und gar aufs Körperliche gestimmt. Überall, in den Hotels und auf den Straßen, prachtvolle nackte Glieder und nackte Leiber, nackte weiße Frauenarme und nackte braune starke Männerknie und -schenkel. Überall das Verlangen des Fleisches und die nie endende Qual des Fleisches. Selbst in den Bauern, die ihre Boote über den See trieben und im Stehen mit einem langsamen schweren Gondolierenschwung ihr geschwungenes Ruder handhabten, lebte diese nie endende Qual leiblichen Verlangens.

Ignaz von Kürsinger: Der Großvenediger

Der höchste Berg des heutigen Österreichs, der Großglockner, wurde 1800 im Laufe einer 30köpfigen Expedition erstmals bestiegen. Der höchste Berg Salzburgs, der 3666 m hohe Großvenediger, mußte länger auf seine Bezwingung warten. Nachdem in den ersten Jahrzehnten des 19. Jahrhunderts immer mehr Gipfel der Ostalpen erstbestiegen worden waren und ein erster Versuch unter Beteiligung Erzher-

zog Johanns 1828 gescheitert war, rief der Topograph und k. k. Pfleger von Mittersill, Ignaz von Kürsinger, 1841 die Besteigung zur »Pinzgauer Nationalangelegenheit« aus. Kürsinger, Autor des 1843 erschienenen Venediger-Buches, nahm selbst an der 40köpfigen Expedition teil. Er war bemüht, das Unternehmen möglichst publik zu machen, um so seiner Intention Vorschub zu leisten, den Oberpinzgau wirtschaftlich besser zu stellen. Die Kürsingerhütte am Ende des Obersulzbachtales erinnert an den glühenden Patrioten.

Venedigerblick

Schweigend bewegten sich die Vorhut und der Mittelzug, bei dem sich der Verfasser dieses Aufsatzes befand, über die steil aussteigende Höhe, mit denselben Beschwernissen kämpfend, die, je höher hinauf, nur noch mehr zunahmen. Wir wurden durch die traurigen Scenen unserer allmälig erliegenden Mitgefährten schmerzlich betroffen, während die ungemein verdünnte Luft und der fast schon schwarze Himmel, gegen den der blendend weiße Schnee in seinen riesenhaften Formationen grell abstach, uns erinnerte, daß wir dem Himmel näher kämen. Unser ganzer (sic) Organismus erlitt eine furchtbare Aufregung, die wir noch nie gekannt hatten; wir glaubten ganz andere Wesen zu seyn, die, ohne mit einem Worte die furchtbare Stille zu unterbrechen, nur noch die schwächer werdende Hoffnung zur Bergspitze, die wie eine eisige Geisterburg schweigend zu uns herüber glänzte, aufrecht erhielt.

Während wir alle 15–20 Schritte keuchend ausruhten, und durch kurzes Niederlassen im Schnee neue Kräfte zur letzten

Anstrengung zu gewinnen suchten, während unser Mittelzug todesmüde auf der höchsten Schneekante zwischen dem großen und kleinen Venediger eine Weile ausruhte, um die nach Norden noch ganz unbewölkte spiegelreine unendliche Aussicht anzustaunen, sahen wir den ersten Zug oder die Vorhut mit der Fahne über die kaum drei Schuh breite Kante des großen Venedigers auf seine noch immer ungetrübte eisige Spitze wie kleine dunkle Punkte langsam zuschreiten. Die Uhr zeigte 9 Uhr Vormittags. Da ich mich jedoch nicht in der Vorhut, sondern im Mittelzuge befand, so lasse ich die Erzählung der Erstersteigenden folgen:

Ernst und langsam stiegen wir über den schmalen bei 30 Klafter langen Grat von kaum 3 Schuh Breite, zwischen ungeheuren Abgründen, aus deren Tiefe die Keesklüfte ihre Gräber heraufgähnten, auf der äußersten eisigen Spitze an. Feierlich und ernst bewegte sich der Zug; da erhob sich ein eisiger Wind, und von dem im Süden (Tirol) weit unter uns gelagerten Nebelmeere begannen Nebelstreifen sich über den Venediger-Kopf herein zu ziehen. Unser Führer stieß nun den Pflock in den eisigen Boden. Dieser Pflock wurde eigens hiezu vorgerichtet; er bestand aus Lerchenholz, mit Eisen am Fuße und Kopfe beschlagen, ist mit gelb und schwarzer Oehlfarbe auf zwei Seiten, und mit roth und weißer auf den zwei entgegen gesetzten Seiten angestrichen, und führt auf weißem Grunde in Steinschriftform den jedem Oesterreicher hochtheuren vaterländischen Wahlspruch: HOCH LEBE DAS HAUS OESTERREICH!

Franz Innerhofer: Schöne Tage

1974 erregte eine Erstveröffentlichung in der Literaturszene besonderes Aufsehen: Franz Innerhofer rechnete unter dem sarkastischen Titel »Schöne Tage« mit den althergebrachten bäuerlichen Sozial-

strukturen und der Vätergeneration ab und schilderte die Kindheits- und Jugendjahre seines Protagonisten Holl als eine einzige Demütigung und ununterbrochene Qual. Zwar eröffnete das Bekenntnishafte eine neue Dimension des autobiographischen Erzählens, aber der Text darf nicht mit Innerhofers Biographie gleichgesetzt werden. Die Eckdaten sind allerdings identisch: uneheliches Kind einer Magd; die ersten Lebensjahre bei Pflegeeltern; noch vor der Schulzeit Übersiedlung auf den Hof des Vaters; nach Jahren der Ausbeutung ohne Aussicht auf Besserung der Stellung Verlassen des Hofes; Beginn einer Schlosserlehre. Für den Roman wählte Innerhofer eine andere Umgebung als die seines Aufwachsens, er verlegte den Hof des Vaters in die Nähe seines Geburtsortes Krimml.

Im Oberpinzgau

Am Ersten Mai dann, in der Früh, auf den Stufen zur Speisekammer, als Holl sich anschickte, die Feiertagsschuhe anzuziehen, überraschte ihn die Strafe, die sein Vater sich für sein Ausreißen ersonnen hatte: »Da bleibst! Du wirst heut arbeiten. Zur Strafe. Weil du davon bist. Wenn das Durchhauen nimmer nutzt, muß ich andere Saiten aufziehen.« Holl staunte: Was sollte denn das schon wieder bedeuten? Arbeiten eine neue Strafe? An eine solche Möglichkeit hatte er noch gar nicht gedacht. Verdrossen stellte er die Schuhe hin. Eine eigenartige Bitterkeit bemächtigte sich seiner, als er die Bauernkammer betrat. Hier haßte er ja schon jeden Gegenstand, weil in dieser Kammer niemand außer dem Vater und der Stiefmutter etwas berührte. Einen Augenblick dachte er daran, das ganze Haus in Brand zu stecken, aber dann erinnerte er sich, daß er daran bereits früher gedacht hatte, dabei aber immer an den Dienstboten und nicht zuletzt auch an den Nachbarn gescheitert war. Allein die kleine Habe eines einzigen Dienstboten hinderte ihn schon, sich an seinem Vater zu rächen.

Nicht irgendein Feld, sondern das Feld, über das er geflohen war, mußte er eggen. Den ganzen Tag vor den stampfenden Pferdehufen hertrotten, bald mit dem Gesicht zu Haudorf, bald mit dem Rücken. Es erinnerte ihn wieder an seine Flucht, an den Wunsch, nie mehr auf 48 zurück zu müssen, an die mit Schneeflecken bedeckten Felder und an die zerrissene Hose, die die Mutter sofort gesehen hatte, als er außer Atem in die kleine Wohnküche gestürzt war, und während er nun über das gedüngte Feld ging, sah er sich im Hemd in der kleinen Wohnküche sitzen, und ihm gegenüber sitzt die Mutter und flickt die Hose und hört ihm halb zu, während er immer wieder sagt, daß er unter keinen Umständen auf 48 zurück wolle. Auf der Landstraße und in den Gassen sah er Menschen in Feiertagsgewändern. Auch er wäre gern zur Maifeier gegangen, um wenigstens für ein paar Stunden viele Menschen um sich zu haben, aber er mußte über das Feld trotten, über das er schon oft und oft getrottet war, durch Gras, Heu, Schnee und Mist und Regen, weil hier die Zeit stehengeblieben war.

Joseph Pürckhamber: Neu entsprungen und trostreich flüssender Gnaden-Brunn

Die Salzburger nennen die Wallfahrtskirche in Maria Kirchental gerne »Pinzgauer Dom«, schließlich wurde sie nach Plänen des berühmtesten österreichischen Barockarchitekten, Johann Bernhard Fischer von Erlach, errichtet. Daß der das Erscheinungsbild der Stadt Salzburg prägende Architekt und Planer der Wiener Karlskirche in dieser Abgeschiedenheit ein solches Kleinod hinterließ, hat schon so manchen Kunsthistoriker verwundert (Hans Sedlmayr nennt in seiner großen Fischer-von-Erlach-Monographie es jedoch despektierlich »Dorfkirche«). Die 1701 geweihte Kirche beherbergt die größte (leider nur sehr beschränkt einsehbare) Votivtafelsammlung Österreichs. Der gotischen Madonna am Hochaltar wird im Volksglauben besondere Heilkraft zugeschrieben, die Tafeln dienen als Dank für die Gebetserhörungen. Bereits Ende des 17. Jahrhunderts begann der Pfarrvikar im Talort St. Martin, Josef Pürckhamber, »die empfangenen Gnaden« aufzuzeichnen. 1730 wurden sie postum gedruckt.

Maria Kirchental

Ein kranckes Kind wird gesund.

Ursula Rädlin Millnerin bey St. Martin hatte ein kranckes Kind / welches gentze Nächt so unruhig war / daß auch die Mutter lange Zeit keinen Schlaff haben kunte. So bald sie aber eine Kirchfahrt allhero verlobt / ist das Kind gesund und hernach ordentlich schlaffend worden.

Ein anders dergleichen.

Herr Johann Frantz Kofler Kayserlicher Lieutenant am Paß Strub / betheurt Juratò daß sein Töchterlein den 9. September gähling [plötzlich, d. Hrsg.] erkrancket / und mit grosser Hitz überfallen worden. Dahero er dieses zu U. L. Frauen ins Kirchenthall verlobt / worauf es sich noch selbige Nacht gebessert / und den andern Tag am Sonntag seye dises völlig frisch und gesund gewest / auch er mit seiner Ehefrauen Nachmittag / das Gelübd abzustatten / ins Kirchenthall gangen / allwo sie / sambt noch andern ungefehr 20 Personen warhafft gesehen / daß die Bildniß Mariae die Augen so vil über sich gewendet / daß man nichts als das Weisse darvon gesehen / so bey einer halben Stund gedauret / darob alle erschrocken / und vor weinen nicht mehr betten können. Ihme selbst seye ein solche Angst ankommen / daß die Tropffen über sein Angesicht herab geloffen / und er auß der Capellen habe gehen müssen. und solche Augen-Verwendung habe er nicht nur allein dißmahl so offt er die Bildnuß angesehen / sondern auch andere 6 mahl als er in diese Capellen kommen / wahrgenommen / seye aber nicht mehr also erschrocken.

Grosse Creutz-Schmertzen verschwinden.

Stephan Millinger Maurmaister zu Lofer sagte andlich auß / daß er vor einem Jahr umb Weyhnachte solche Schmerzen im Creutz gehabt / daß er 3 gantze Wochen nicht habe auß dem Hauß gehen können. Da verlobt er sich unser lieben Frau im Kirchenthall zu besuechen / worauf die Schmertzen so vil nachgelassen / daß er zwar woll hart zur Capellen hinauf kommen / nach verrichten Gebett aber seye er gantz leicht herab gangen / und aller Schmertzen verschwunden.

Ein Sprachloser erlangt die Red.
Thomas Kaufmann von Kitzbichl ist von einem Geist also erschröcket worden / daß er hierüber die Sprach verlohren / welche er aber auf gethanes Gelübd / und allhero verrichte Kirchfahrt / widerumben vollkommen erlanget hat.

Malefizische Löcher an Füssen heylen gänzlich zu.
Apollonia Stainbacherin von Ebbs in Tyroll / hat an beeden Füssen durch Zauberey 9 grosse und tieffe Löcher bekommen / welche durch kein Mittl konten geheylet werden / sondern das Ubel wurde täglich nur grösser / dahero sie Hülff bey Mariam im Kirchenthall gesuecht und gefunden / indeme die Löcher gleich von sich selbsten zuegeheylet und sie also die erwünschte Gesundheit erlanget.

Votivbild

Wider die Fraiß [Epilepsie] wird Maria nutzlich angerueffen.
Georg Wallner Schmid im Tallgey hatte einen Sohn Martin genannt / und 15 Jahr alt / welcher 8 Wochen lang an einer entsetzlichen Fraiß kranck gelegen / dann bißweilen hat es ihme den Bauch wie ein Schintl zusammen gezogen / offtermahlen ware er gantz erstarret / und mit zugeschlossenen Augen da gelegen / und gabe zum öfftern ein halbe Stund kein Lebens-Zeichen. Dahero ihn seine Eltern allhero verlobt / und alsobalden hat ihn die Fraiß verlassen /

worauf der Vatter und Sohn den 19. Junij ihr Danck-Kirchfahrt verrichtet.

Teuflische Anfechtung müssen weichen.
Maria Catharina Sällin von Freyburg im Jachtland / ist 8 Wochen lang vom bösen Feind so grausamb angefochten worden / daß sie zu verzweifeln vermeinte / verrichtet dahero ein Kirchfahrt an dises Gnaden-Orth / nach abgelegter Heil. Beicht / seynd alle Anfechtungen verschwunden.

Ein verschluckter Sibenzehner springt wider auß dem Halß.
Thomas Dengler zu Salfelden / hat auf einer seiner Raiß von Grätz in einem Würths-Hauß kurtzweilend einen Sibenzehner mit dem Maul gefangen / welcher ihme aber unversehens in Halß kommen und allda steckend verbliben. In diser Noth und Todts-Gefahr verlobt er sich zu U. L. Frauen ins Kirchenthall / worauf diß Geld von sich selbsten herauß gesprungen / welcher noch allda an der geopfferten Tafl hanget.

Rudolf Bayr:
Der Lungau liegt nicht einfach hinten

Rudolf Bayr war eine widersprüchliche Persönlichkeit: die Antike und ihre Philosophie als Lebensmaxime, modernen künstlerischen Strömungen aber durchaus zugeneigt, Poet, Essayist, Kulturkritiker und zugleich in verschiedenen Funktionen wichtiger Mann des Kulturbetriebs, dazu ein passionierter und vielgerühmter Koch und Gourmet. Zu dieser Widersprüchlichkeit kam eine von ihm gepflegte Unzeitgemäßheit. Diese Konstellation scheint prädestiniert zu sein für seine spezielle Zuneigung zum Lungau. In seiner launigen und dabei einfühlsamen Charakteristik wendet sich Bayr gegen die »Borniertheit« seiner Zeitgenossen, einen Landstrich als abgelegen zu titulieren, betont aber zugleich die Vorzüge, fernab von touristischen Mo-

den zu liegen (1969 fuhr halb Österreich an die adriatischen Küstenorte, viele auch schon an die Costa Brava).

Wollte man den Leuten glauben, dann läge der Lungau einfach hinten. Und das wäre weiter als hinterm Berg, weiter als hinter Gebirgen, denn nur hinten liegen ist so weit, daß man in Zweifel gerät, ob es dort wirklich das gibt, wovon man meint, daß es liegen soll. Nun trifft die Schuld an derlei geographischer Anonymität gewissermaßen ja nicht den Lungau, viel eher hingegen jene Leute, deren Borniertheit auf der heimischen Landkarte allerwegen nur den kürzesten Weg nach Caorle ausspäht. Nein, der Lungau liegt nicht einfach hinten, sondern genau hinter dem Radstädter Tauernpaß, sofern man ihn von Salzburg, oder hinter dem Katschberg, wenn man ihn von Kärnten erreichen will. Und da, hinter oder zwischen diesen Pässen, halbiert der eilige Mensch das Tal, ungefähr gesagt, der andere aber, des meines Schlages etwa, beginnt sich umzusehen, westwärts ins Mur- oder ins Zederhaustal, und ostwärts gegen Tamsweg, das man im Winter bis Favoriten als Kältepol gern besingt. Am Lungau ist vieles bemerkenswert. So etwa, daß er mehr als tausend Meter über der Adria liegt, was ihm vermutlich, mir sicher bekommt; daß er sich gleichsam gegen jedermann mit Gebirgen wappnet, die Steiermark im Osten ausgenommen, trotzdem zu Salzburg gehört und, dem Zeugnis seiner Bewohner nach, auch gehören will; daß er nordwärts ein Tal neben dem anderen ausschickt, die alle irgendwo droben mit einem See enden, wie der Satz mit einem Punkt; daß die Gebirgszüge dazwischen wie breitbuckelig verhockt beginnen und als scharfgezähnte Gratberge den Tauern-Hauptkamm erreichen; daß die Orte und Weiler am südlichen Ausgang besagter Täler und breithüftiger Gebirge in Sache Sonnenbestrahlung den Davosern den Fehdehandschuh hinwerfen; daß die Lungauer Säue dank der Beihilfe der sie besitzenden Bauern den ebenso charaktervollsten wie zärtlichsten Speck liefern, kernig wie Manneswort, rosa überhaucht gleich einer Eosbotschaft in hohem Gewölk, süßer duftend als Rosen, also nach Knoblauch, schmal wie ein Geigenton, und durchzogen, oh, durchzogen wie eben nur ein Lungauer Speck sein kann; daß es zu diesem Speck den sinnvoll ergänzenden Schnaps eigentlich nicht gibt, weil man oberbehördlicherseits Korn wohl dem Vieh, nicht aber dem Menschen zugesteht; schließlich, daß dich bei den Costa-Brava-Heimkehrern nichts sicherer um jeden Kredit bringt als die Ansichtskarte von Lintsching oder Schellgaden mit der Nachricht – nebst sehr lieben Grüßen –, du seist schon auf Weißeck, Preber und Königsstuhl gewesen, aber auch sonst so ziemlich auf der Höhe, beispielsweise der Einsicht, was den Unterschied angeht zwischen tätigen Füßen und solchen, die nur vom Bauch hinabhängen.

Murtal

Übrigens ist der Lungau ein Mustergebiet für Terrainkuren. Unter Terrain in solchem Sinne versteht man ein Stück Land, dessen Verbindungswege von Weiler zu Weiler vornehmlich Menschenfüße, Rinderhufe und Karrenräder geschaffen haben und die der städtische Mensch regelmäßig deshalb begeht, weil a) der Hausarzt es verordnet hat oder b) das Studium des Postfahrplans keine andere Möglichkeit läßt. Ich erwähne das nur dem neueren Brauch zu Gefallen, nach dem ein Ort inmitten land- oder forstwirtschaftlich genutzter Fläche erst dann gewissermaßen Öffentlichkeitsrecht erwirbt, wenn man an ihm kurieren kann, was man andernorts ruiniert hat. Und hier kann man eben. Ein bißchen fremd, obschon an jeder Abzweigung ein überdachtes Täfelchen in reinem Deutsch Auskunft gibt, ziehen sie über Felder und Mähder dahin, vor die Füße den Stock gesetzt, der Schildchen aus gestanztem Blech trägt, wo man ähnliches zur Gesundheit getan. Aber das alles meine ich ja gar nicht, wenn ich jemandem ein wenig Nachricht über den Lungau geben will. Freilich, Wirtschaftsfachleute nennen ihn unterentwickelt, und sofern sie Mandatare sind, halten sie den Hut auf, der öffentlichen Hand entgegen. Richtiger scheint es mir, den Hut abzunehmen, vor der Landschaft, wenn jemand ein Schwärmer ist, vor den Menschen, wenn einer glaubt, lange keine mehr gesehen zu haben. Ich für mein Teil bin weder Schwärmer noch Zweifler, aber ein Lungauer Bauer läßt mich schon einiges bedenken, wie es sonst heutzutage um Glauben und Redlichkeit bestellt ist. Die Fachleute mögen ja recht haben, ihre Buchführung ist eben anderer Art. Viel ist hinter den Lungauer Bergen bisher liegengeblieben, deshalb mögen sie diesseits, im Tal zurückgeblieben sein, – damit ist ihnen aber auch viel erspart geblieben. Dem Gast bleibt noch anderes erspart: beispielsweise die Geldgier jener Leute, welche anderswo meinen, Gebirge seien ihre persönliche Erfindung. Der Lungauer hält seine Groschen zusammen und setzt voraus, daß auch die restliche Menschheit so verständig sei, weshalb er darauf verzichtet, in jeden zugereisten Geldbeutel das Saisonloch zu bohren.

k. k. obderennsische Landesregierung: Vorschrift für Reisende, welche den Radstädter Tauern passiren wollen

Der Bezirk Tamsweg blieb auch in Zeiten moderner Verkehrsmittel etwas abgelegen. Zwar erleichterte der Bau der Tauernautobahn die Fahrt in die Landeshauptstadt immens. Eine Anreise mit öffentlichem Verkehr nimmt aber immer noch viel Zeit in Anspruch, mit der Eisenbahn ist der Lungau nur mit einer Schmalspurbahn von der Steiermark aus erreichbar. Vor dem Bau der Autobahn war der Radstädter Tauern der alleinige Zugang von Salzburg aus, ein seit der Römerzeit befahrener, aber wegen Wetterumstürzen und hoher Lawinengefahr gefürchteter und viele Opfer fordernder Übergang. In einer Verordnung aus dem Jahre 1839 ist zu lesen, wie man sich damals gegen diese Unbillen zu schützen suchte. Die »Verordnung«, die man in den Poststationen am Fuße des Passes aushängte, wurde in Linz erlassen. Salzburg stand, nachdem es 1816 endgültig zu Österreich-Ungarn gekommen war, bis 1850 unter der Verwaltungshoheit von Oberösterreich (das Land »ob der Enns«).

Römischer Meilenstein an der Radstädter-Tauern-Straße

Die Reise über den Radstadter-Tauern ist von dem Eintritte der Winterszeit vom Monate Oktober bis zur gänzlichen Austhauung des Schnees mit Ende Mai meistens sehr beschwerlich und oft mit Gefahr verbunden.

Den Reisenden werden daher zu ihrer Benehmung nachstehende Warnungen und Vorschriften wegen Vermeidung möglicher Unglücksfälle zur Befolgung bekannt gemacht:

1.) Die Reise über den Tauern wird sowohl im Sommer als im Winter am sichersten mit Tagesanbruch angetreten.

2.) Fußgänger werden wohl thun, die Reise im Winter nie allein zu unternehmen und sie auch selbst in Begleitung ganz zu unterlassen, wenn ihnen zu Unterthauern oder Tweng die Versicherung gegeben wird, daß das Wetter dazu nicht günstig sein.

Sie werden überdieß ausdrücklich gewarnt, sich bei strenger Kälte nicht zu setzen und nach Kräften zu vermeiden, der eingetretenen Ermüdung nachzugeben.

3.) Den mit eigenen Pferden ankommenden Reisenden, deren Pferde die Anstrengungen einer langen Bergfahrt nicht gewohnt sind, wird gerathen, Postpferde in den betreffenden Stationen zu nehmen, indem diese Pferde die Bergfahrt schon gewohnt sind. Ihre eigenen Pferde mögen die Reisenden leer hinüber gehen lassen.

5.) Wenn häufiger Schnee gefallen und darauf eine gelinde Witterung eintritt, so gebietet die Vorsicht, auf der Reise selbst so wenig Geräusch als möglich zu machen, weil die unbedeutendste durch die Lufterschütterung bewegte Schneemasse, ein Fortgleiten zur verheerenden Lawine werden kann.

6.) Sobald die Posthalter zu Tweng und Unterthauern nach Vernehmung der Wegmacher die Passage über den Tauern wegen eingetretenen Elementarfällen für lebensgefährlich erklären, darf kein Reisender bei schwerer Ahndung es wagen, die Passage erzwingen zu wollen. Bezweifelt er die Richtigkeit der Angabe der Posthalter, so bleibt es ihm unbenommen, sich an die betreffende Lokalobrigkeit zu wenden, an deren Ausspruch er sich jedoch in jedem Falle halten muß.

7.) So wie im Sommer sowohl Fußreisende, als das Fuhrwerk jeder Art die Tauernstraße anstandslos und ohne Gefahr bei Tag und Nacht passiren können, so wird aber Jedermann empfohlen, diese Reise im Winter nie ohne einen, oder nach Erforderniß mehrerer Begleiter zu unternehmen, wozu die Wegmacher und ihre Gehilfen bestimmt sind.

8.) Sowohl im Winter als im Sommer brechen mit Tagesanbruch von den beiden Stationen Unterthauern und Tweng die dort über Nacht gebliebenen Fuhrwerke, in einem geschlossenen Transport vereint, gegen die Tauernhöhe in Begleitung der Wegmacher und ihrer Gehilfen auf, deren Obliegenheit darin besteht, diesen Transport unter aller möglichen Hilfeleistung über das Tauerngebirge zu führen. Es ist daher immer rathsam, sich diesem Transporte besonders im Winter anzuschließen, wo die gemeinschaftliche Hilfe jedem einzelnen zu Theil wird.

Die Wegmacher sind verpflichtet, diesen Transport unentgeldlich zu führen und für diese Dienstobliegenheit keinerlei Vergütung oder Entschädigung bei Dienstesentlassung anzusprechen.

9.) Auf der Tauernhöhe angekommen, wechseln die Wegmacher ihre Transporte, der von Unterthauern begleitet die von Tweng kommenden, und der von Tweng die von Unterthauern kommenden Wägen in seine Station herab.

14.) Nach der von der k.k. Oberpost-Verwaltung am 24. Oktober 1835, Z. 1714 erneuerten Verordnung vom 20. Mai 1812 ist jeder mit der Post ankommende Reisende verbunden, die doppelte Bespannung, das ist, zu der Zahl der Pferde, mit denen er angekommen ist, eben so viele Pferde vorspannen zu lassen und für jedes Stück 1 fl., und zwar ohne Rücksicht auf die Posttaxe, zu bezahlen.

15.) Der Reisende soll dem Postillon das Sperren der Räder oder das Einlegen der Eiskette nie verwehren, da seine und der Pferde Sicherheit davon abhängt, auch denselben nicht hindern, dem Zugviehe oder der Bergfahrt eine kurze Rast an den gewohnten Stellen zu gönnen.

Von der k.k. obderennsischen Landesregierung.

Linz, am 17. Jänner 1839.

Der Rotgüldensee
(Sage)

In einem kleinen Seitental des malerischen Murwinkels – Ursprung des Flusses Mur – liegt ein Bergsee mit verheißungs- und geheimnisvollem Namen. Es nimmt nicht wunder, daß sich um den Rotgüldensee Sagen ranken. Die bekannteste Version der Herkunft des Namens verweist zugleich auf einen bedeutenden Teil Salzburger Geschichte: Im Bergbaugebiet Rotgülden/Murwinkel wurde seit dem Spätmittelalter Gold abgebaut und Arsenkies gewonnen. Wie alle Bergwerke des Landes waren auch jene im Lungauer »verstaatlicht« und somit wichtige Basis für den Reichtum des Erzbistums – so war Salzburg im 16. Jahrhundert einer der drei größten Edelmetallproduzenten im deutschsprachigen Raum.

Zuhinterst im Murwinkel, am Fuße des mächtigen Hafners, des Königs der Lungauer Berge, liegt in stiller Abgeschiedenheit ein See. In seinem klaren Wasser spiegeln sich die einsamen Berghäupter ringsum. Es ist der sagenumwobene Rotgüldensee. Einst lebte in diesem Winkel ein vermögender Gewerke, dem der Arsenikbau, den er hier betrieb, reichen Gewinn brachte. Da kam einmal ein jugendlich schöner Bergknappe ins Tal gezogen und trat in den Dienst des reichen Gewerken. Dieser hatte ein einziges Kind, ein reizendes Töchterlein, das er wie seinen Augapfel behütete und liebte. Nur zu bald entbrannte des neuen Bergknappen ungestümes Herz in heißer Liebe zu seines Herrn Töchterlein, dessen Augen hinwiederum mit Wohlgefallen an dem schmucken blondgelockten Jüngling hingen. Die Liebe der beiden zueinander konnte auf die Dauer nicht verborgen bleiben und gar bald war sie unter den übrigen Bergknappen bekannt. Einer von ihnen, ein finsterer, heimtückischer Geselle, ging hin und offenbarte dies dem ahnungslosen Meister. Da ward dieser erbost, und er entließ den jungen Bergknappen aus seinem Dienste. Von dieser Zeit an aber siechte das Mägdlein dahin, wie eine Blume auf dem Felde dahinwelkt. Der harte unerbittliche Gewerke aber schien dies nicht zu bemerken, sondern wurde noch finsterer und verschlossener als zuvor. Häufiger wanderte er von nun ab in das Innere des Berges, denn

Der Rotgüldensee, Bauernmalerei

sein Sehnen ging nach dem edelsten der Metalle, nach dem roten Gold. Doch vergeblich war bisher all sein Suchen danach gewesen, denn des Berges Schätze wollten sich nicht erschließen. Da starb sein Töchterlein, und vom Schmerz zerwühlt lag der Vater an dessen Bahre. Da trugen mehrere Knappen einen gewichtigen Goldklumpen zur Türe herein und legten ihn ihrem Herrn zu Füßen. In dem Augenblick, als sein Töchterlein gestorben, hatten sich nun des Berges Schätze aufgetan und lauteres Gold funkelte vor den Augen des Meisters. Mit stieren Blicken sah dieser auf das gleißende Gold, mit dem er sein Töchterlein, das leblos vor ihm lag, glücklich machen wollte. Da erfaßte ihn wilde Raserei und mit unbändigem Grimme faßte er den Goldklumpen mit beiden Händen, stürzte damit hinaus zum See und warf ihn mit einem gellenden Fluche in die Tiefe. Dann wandte er sich ab und floh, von Gram und Reue gepeitscht, über alle Berge. Das abgrundtiefe Gewässer hoch in den Bergen heißt aber seither Rotgüldensee.

Autoren- und Quellenverzeichnis

Ilse Aichinger: Geb. 1921 (Wien). Nach der Matura 1939 war es ihr als Halbjüdin verwehrt zu studieren, erst 1945 begann sie das Medizinstudium, konzentrierte sich jedoch bald auf ihre Schreibtätigkeit. 1948 erschien ihr singulärer Roman »Die größere Hoffnung«; 1952 erhielt sie für die »Spiegelgeschichte« den Preis der »Gruppe 47«; 1953 heiratete sie den Schriftsteller Günter Eich. Seit 1988 lebt sie wieder in Wien. Ihr Werk erstreckt sich über alle Gattungen, vielfach bevorzugte sie Kurzformen. Das Erlebnis des Nationalsozialismus und die Ermordung der Familie ihrer Mutter war für sie prägend, sie kam unnachgiebig und stets mit originärem künstlerischen Ausdruck – entgegen aller Vergessenstendenzen – vielfach auf die unmittelbare Vergangenheit zurück, so erschien bereits 1946 ihr »Aufruf zum Mißtrauen«.
Ilse Aichinger: In das Land Salzburg ziehen. In: Dies.: Kleist, Moos, Fasane. Frankfurt a. M. 1987, S. 34–36. © S. Fischer, Frankfurt a. M.

Rudolf Bayr: 1919 (Linz) – 1990 (Salzburg). Bayr gehörte zu den ideell Belasteten, er hatte in der Kulturredaktion des »Völkischen Beobachters« gearbeitet, sich jedoch nicht ideologisch geäußert. Nach dem Krieg übersetzte er antike Tragödien – »seine geistige Heimat war die griechische Antike« (Harrer). Er war eine Persönlichkeit voller Widersprüche, die in einer Dualität von Tradition und Modernität lebte: Essayist, Kulturkritiker, Erzähler, Lektor des Residenz-Verlages und 1975–84 Intendant des ORF-Landesstudio Salzburg, Koch von internationaler Reputation und Gourmetkritiker; neben seinen poetischen Werken war er auch Gelegenheitsarbeiten, wie dem Text über den Lungau, nicht abgeneigt. Er zählt zu den vergessenen und »verkannten Autoren der österreichischen Gegenwartsliteratur« (Steinwendtner).
Rudolf Bayr: Der Lungau liegt nicht einfach hinten. In: Inge Lindt (Hg.): Das Buch vom Salzburger Land. Wien 1969, S. 53–54. Abdruck mit freundlicher Genehmigung von Friedrich Harrer.

Richard Beer-Hoffmann: 1866 (Rodaun b. Wien) – 1945 (New York). Nach dem abgeschlossenen Studium der Rechte lebte er als freier Schriftsteller in Wien. 1939 emigrierte das Ehepaar Beer-Hoffmann in die Schweiz, wo Paula unerwartet starb. Richard ging mit den Töchtern ins amerikanische Exil. Er war in seinem Schreiben vom Spätimpressionismus und der Neuromantik, namentlich von seinen Freunden Schnitzler und Hofmannsthal, beeinflußt und gehörte zum Kreis des »Jungen Wien«. Er wurde später mit sei-

nen religiösen Symboldramen zu einem Förderer der zionistischen Bewegung. Beer-Hoffmann war ein »unermüdlicher Sommerfrischler« (Krasny/Kos), neben dem Salzkammergut suchte er sommers auch Kärntner Seen und Tiroler Dörfer auf.
Richard Beer-Hoffmann: Paula. Ein Fragment. Paderborn 1994, S. 144–147. © Igel Verlag, Paderborn

Hermann Burger: 1942 (Menziken/Aargau) – 1989 (Brunegg/Aargau). Studium der Germanistik und Kunstgeschichte an der Universität Zürich. Ab 1969 war er Mitarbeiter am »Aargauer Tagblatt«, Burger war lange Zeit Privatdozent für deutsche Literatur an der ETH Zürich. Nachdem er schon früh an depressiven Verstimmungen litt, verschlimmerten sich die Depressionen Ende der Siebziger zusehends, der Tod der Eltern (Vater 1982, Mutter 1985) trug zur Verschlimmerung bei. 1989 beging Burger Selbstmord. Seit seinem Opus magnum »Schilten« (1976) war Burger als Sprachvirtuose und hochreflektierter Schriftsteller bekannt, aber bei ihm war alles ambivalent: »Mit der Sprachbesessenheit und Sprachverzauberung des Autors verbindet sich die Sprachangst, und in dieser steckt die Todesangst« (Pulver).
Hermann Burger: Die Wasserfallfinsternis von Badgastein. Frankfurt a. M. 1989, S. 37–40. © S. Fischer, Frankfurt a. M.

Catarina Carsten: Geb. 1920 (Magdeburg). Die gebürtige Berlinerin lebt seit 1964 in Puch bei Hallein, sie schreibt Prosa, Fernseh- und Hörspiele, aber in erster Linie Lyrik, ist nebenbei auch als Journalistin tätig. Ihre Texte changieren zwischen formaler Einfachheit, manchmal Protokollartigem, dabei oft auch das Alltägliche, Einfache in den Mittelpunkt stellend, und einem von ihrem christlichen Weltbild geprägten Blick auf das »Wesentliche«, auf Leben und Tod. 1977 erhielt sie den »Rauriser Bürgerpreis« für »Herr Charon«, 1984 wurde sie zum »1. Rauriser Marktschreiber« ernannt, sie ist seit Beginn an eine aufmerksame Beobachterin und eifrige Besucherin der Rauriser Literaturtage.
Catarina Carsten: Das Tal vor meinem Fenster. Arbeitsbericht des 1. Marktschreibers von Rauris. Salzburg 1987, S. 12–13. © Tauriska Verlag, Neukirchen

Die Comedy vom Jüngsten Gericht: Die vom Herausgeber Matthias Jäger 1897 in der Nähe von Radstadt aufgefundene Handschrift enthält Bemerkungen des Spielleiters Franz Plattner, dieser dürfte auch um 1750 der Schreiber gewesen sein. Plattner berichtet von Aufführungen in den Jahren 1755 und 1764. Archivmaterial über Aufführungen konnte keines aufgefunden werden. Jäger vermutet, daß die Spiele verboten wurden, weil »in alter

Zeit die Leiden Christi und das jüngste Gericht so ergreifend dargestellt [wurden], dass mehrere Personen dabei närrisch (wahnsinnig) geworden sind«.
Die Comedy vom Jüngsten Gericht. Ein altes Volksschauspiel von Altenmarkt bei Radstadt. Hg. v. Matthias Jäger. Salzburg 1900, S. 39–41.

Franz Dückher: 1609 (Innsbruck) – 1671 (Salzburg). Er nannte sich selbst »Franziscus Dückher von Haslau und Winkl«. Ab 1631 findet sich Dückher in München, nach der Flucht vor den Schweden war er ab 1637 auf Schloß Urstein bei Puch wohnhaft, hatte eine gehobene Stelle in der erzbischöflichen Beamtenschaft inne, er war auch unter anderem Pfleger in Werfen. Sein Lebensweg verlief allerdings sehr wechselhaft. Der Salzburger Aufklärer und Schriftsteller Franz Michael Vierthaler schreibt 1816 davon, daß Dückher alle seine Söhne verloren und die »Chronik« ihm Neid und Mißgunst eingebracht habe. Vierthaler: Dückher »wurde zu wenig geschätzt«.
Franz Dückher: Saltzburgische Chronica. Beschreibung des Lands/Stifftung und denkwürdiger Geschichten auch aller Bischöff/Erz-Bischöff und Abbten zu St. Peter des Hoch-Löblichen Erz-Stiffts Salzburg. Salzburg 1666, S. 12.

Helmut Eisendle: Geb. 1939 (Graz). Nach dem Studium der Philosophie, Psychologie und Biologie und der Promotion in Psychologie verdingte sich Eisendle in wechselnden Berufen und an verschiedenen Wohnorten, auch im benachbarten Ausland. Seit 1971 ist er freier Schriftsteller und lebt heute in Wien. In den sechziger Jahren gehörte er zu jenen jungen Autoren (wie z. B. auch Peter Handke), die von Graz aus – um die Zeitschrift »manuskripte« gruppiert – der Literatur einige neue Impulse zu geben imstande waren und die später unter dem Konstrukt »Grazer Gruppe« subsumiert wurden. Eisendles Literatur ist jedoch für Einordnungsversuche zu singulär. Er schreibt sich oft assoziativ voran, meist im Dunstkreis seiner dichterischen Meriten (wie z. B. Carl Einstein), stets spielerisch zwischen Poesie und Wissenschaftlichkeit changierend.
Helmut Eisendle: Reise von Salzburg nach irgendwo. In: Keiner schöner Land ... 50 österreichische Autoren über Stadt und Land Salzburg. Hg. v. Christoph W. Aigner. Salzburg 1981, S. 175–179. Abdruck mit freundlicher Genehmigung des Autors.

Tomas Friedmann: Geb. 1961 (Linz). Studium der Germanistik und Publizistik, lebt seit 1983 in Salzburg. 1984–86 war er als Schauspieler und Regisseur an einem Kellertheater tätig, neben Lyrik und Prosa schrieb er auch mehrere Drehbücher und führte Regie. Der vielseitige Autor nahm bald

auch organisatorische Arbeiten innerhalb des »Literaturbetriebes« wahr und ist seit 1993 Leiter des Salzburger Literaturhauses Eizenbergerhof.
Tomas Friedmann: Expressionen einer Stadt. In: Leben in Salzburg. Autorenwettbewerb 700 Jahre Stadtrecht. Salzburg 1987, S. 56–58. Abdruck mit freundlicher Genehmigung des Autors.

Franz Xaver Gruber: 1787 (Hochburg/Oberösterreich) – 1863 (Hallein). Die wichtigsten Eckdaten seiner Biographie nahm Gruber in seine »Authentische Veranlassung« auf. Als er diese 1854 verfaßte, war er seit gut zehn Jahren Chorregent in Hallein, eine Position, die ihm erstmals eine unbekümmerte ökonomische Lage bescherte. Zur Zeit der Komposition des Weihnachtsliedes lebte seine kinderreiche Familie mit dem spärlichen, unregelmäßigen Lehrergehalt am Rande der Armut. Dem Lied selbst maß Gruber wenig Bedeutung bei, heute ist es Gegenstand von Symposien: Es sei entstanden in einem »Spannungsfeld zwischen geistlicher und alpenländischer Liedtradition, regionaler Musizierpraxis einerseits und einem neuen, bürgerlichen Verständnis des Weihnachtsfestes andererseits« (Hochradner/Walterskirchen).
Franz Xaver Gruber: Authentische Veranlassung zur Composition. In: Josef Gassner: F. X. Grubers Autographen von Stille Nacht, heilige Nacht. Oberndorf 1968, S. 38–39.

Peter Handke: Geb. 1942 (Griffen/Kärnten). In seinen schriftstellerischen Anfängen erregte er viel Aufsehen, wandte sich gegen überkommene Sprachmuster und Konformismus, etwa mit seinen Theaterstücken »Publikumsbeschimpfung« (1966) und »Kaspar« (1968). Nach wechselnden internationalen Aufenthaltsorten kehrte er als bereits arrivierter Autor von 1979–1988 nach Österreich zurück, unter anderem, weil seine Tochter in Salzburg das Gymnasium absolvierte. »Die Lehre der Saint Victoire«, »Die Kindergeschichte«, »Der Chinese des Schmerzes« und »Nachmittag eines Schriftstellers« sind in ihren fiktiven Topographien stark von Salzburg beeinflußt – der Kontrast Stadtmitte-Peripherie kehrt immer wieder; zuletzt stellte er in »In einer dunklen Nacht ging ich aus meinem stillen Haus« einen Salzburg-Bezug her.
Peter Handke: Nachmittag eines Schriftstellers. Frankfurt 1989, S. 21–25. © Suhrkamp Verlag, Frankfurt a. M.

Jakob Haringer: 1898 (Dresden) – 1948 (Zürich). Er verbrachte die Schulzeit in Traunstein und Salzburg, begann eine Kaufmannslehre in Salzburg. Haringer führte ein unstetes, durch Armut geprägtes Leben, war Sympathisant der Münchner Räterepublik, wurde des öfteren inhaftiert. 1936 wurde

er aus Deutschland ausgebürgert, 1938 floh er aus Salzburg in die Schweiz. Er postulierte für sich eine radikale Einheit aus Dichtung und Leben, sein Vagantentum prägte auch seine Texte: einerseits Haltlosigkeit, Bindungsangst, aggressive Töne, andererseits eine tiefe Sehnsucht nach Halt und Zuneigung, nach »Heimat« – letztere suchte er vor allem in Salzburg.
Jakob Haringer: Aber des Herzens verbrannte Mühle tröstet ein Vers. Ausgewählte Lyrik, Prosa und Briefe. Salzburg 1988, S. 49. © Residenz Verlag, Salzburg

Walter Höller: Geb. 1959 (Hallein). Studium der Anglistik, Amerikanistik und Publizistik in Salzburg, lebt in Hallein. Höller schreibt Gedichte, Lieder, Satiren und Texte für das Kabarett und arbeitet seit 1989 als Redakteur und Moderator im ORF-Landesstudio Salzburg. Von 1995–98 war er 1. Rußbacher Dorfschreiber und gestaltete die CD »Rußbach – Das vertonte Dorf« mit.
Walter Höller: Dorffragmente. Notizen aus Rußbach. Weitra o.J. [1998?], S. 56. © Bibliothek der Provinz, Weitra

Franz Innerhofer: Geb. 1944 (Krimml). Das uneheliche Kind kam mit sechs Jahren auf den Hof seines Vaters im Oberpinzgauer Uttendorf. Nachdem er dort elf Jahre gearbeitet hatte, begann er eine Schlosserlehre, ab 1966 besuchte er eine Mittelschule für Berufstätige und begann danach das Studium der Germanistik und Anglistik in Salzburg. Nach der Fertigstellung der mit »Schöne Tage« begonnenen autobiographischen Romantrilogie – »Schattseite« (1975), »Die großen Wörter« (1977) – lebte Innerhofer lange Jahre als Buchhändler in Graz. Viele Jahre verbrachte er im umbrischen Orvieto, der von ihm empfundene Gegensatz zwischen südlicher Lebensart und dem Profitstreben in unseren Breiten bestimmte den 1993 erschienenen Roman »Um die Wette leben«.
Franz Innerhofer: Schöne Tage. Roman. München 1993, S. 51–52. © 1974 Residenz Verlag, Salzburg

Ernst Jandl: Geb. 1925 (Wien). Studium der Germanistik und Anglistik, ab 1949 Lehrer an Gymnasien in Wien. Seit 1954 Freundschaft und Zusammenarbeit mit Friederike Mayröcker. 1956 erschien der erste Gedichtband Jandls (»Andere Augen«), der noch mit »durchaus herkömmlichen Mitteln« (Riha) arbeitete. »gastein stubnerkogel« muß wohl ebenfalls noch zu dieser Phase gerechnet werden, wenn auch Jandl keinen Bruch zu seinen experimentellen Texten sah und das Gedicht in die Sammlung »dingfest« aufnahm. Jandl war und ist um eine radikale poetische Freiheit zu tun, getrieben von einem »elementaren Sprechvergnügen« (Riha) war sein modernes Textver-

fahren von Beginn an von verschiedensten Strömungen beeinflußt, besonders die durch Fehl- und Falschsprechen konstituierten Gedichte machen den bekannten »Jandl-Ton« aus.
Ernst Jandl: gastein stubnerkogel. In: Poetische Werke. Bd. X. München 1977, S. 99. © Luchterhand Literaturverlag, München

Walter Kappacher: Geb. 1938 (Salzburg). Lebt heute als freier Schriftsteller am Obertrumer See. Kappacher ist, wie die »Neue Zürcher Zeitung« treffend urteilte, »einer der stillsten und präzisesten Erzähler der österreichischen Gegenwartsliteratur«. Er hält sich vom »Literaturbetrieb« weitestgehend fern, aus dieser Distanz heraus erzählt er mit einfühlsamer Genauigkeit, oft mit feiner Ironie vom Alltag und den Sehnsüchten »gewöhnlicher« Menschen, von der Brüchigkeit jeglicher Existenz.
Walter Kappacher: Der Hochkönig. In: Keiner schöner Land ... 50 österreichische Autoren über Stadt und Land Salzburg. Hg. v. Christoph W. Aigner. Salzburg 1981, S. 98–100. Abdruck mit freundlicher Genehmigung des Autors.

Josef Kaut: 1904 (Salzburg) – 1983 (ebd.). Seit seiner Schulzeit, während der er mit seinem Freund Georg Rendl die Literaturzeitschrift »Der blaue Föhn« mitinitiierte, hatte Kaut schriftstellerische Ambitionen. Er schlug jedoch zunächst eine journalistische Laufbahn ein, gründete 1945 die sozialdemokratische Zeitung »Demokratisches Volksblatt« und wechselte 1954 in die Politik. Schriftstellerisch tätig war er »nebenbei«. Als Präsident der Salzburger Festspiele (1971–82) lud er Thomas Bernhard ein, seine »Salzburger Stücke« für die Festspiele zu verfassen.
Josef Kaut: Im Bräustübl. In: Inge Lindt (Hg.): Das Buch vom Salzburger Land. Wien 1969, S. 256–257. Abdruck mit freundlicher Genehmigung von Ingeborg Kaut.

Egon Erwin Kisch: 1885 (Prag) – 1948 (ebd.). Nach einem Ingenieurstudium war er ab 1904 als Journalist tätig. Besonders in der Zwischenkriegszeit unternahm er viele ausgedehnte Reisen und wurde so zum »rasenden Reporter«. Er emigrierte 1939 nach New York und hielt sich von 1940–46 in Mexiko auf, danach kehrte er nach Prag zurück. Er gilt als Meister der lebensnahen, prägnant-sachlichen Reportage. Kisch verstand zeitlebens Literatur als Mittel des sozialistisch-gesellschaftskritischen Kampfes, in den er sich auch direkt, etwa im spanischen Bürgerkrieg, einschaltete.
Egon Erwin Kisch: Marktplatz der Sensationen. México 1942, S. 40–46. © 1993 Aufbau Verlag, Berlin

K. k. obderennsische Landesregierung: Vorschrift für Reisende, welche den Radstädter Tauern passiren wollen. In: Ignaz von Kürsinger: Lungau. Historisch, ethnografisch, statistisch. Salzburg 1853, S. 97–101.

Ignaz von Kürsinger: 1795 (Ried/Innskreis) – 1861 (Salzburg). Studium der Rechts- und Staatswissenschaften, 1819 trat der aus einer Beamtenfamilie Stammende in den Staatsdienst ein. Nach vielen Stationen wurde ihm 1835 die Leitung des Pfleggerichts Mittersill anvertraut, bis 1842 machte er sich im Sinne der Aufklärung josefinischer Prägung im Oberpinzgau um eine Qualitätssteigerung im Schulwesen, Restaurierungen öffentlicher Gebäude und die Volkswohlfahrt verdient. Nach dem neuerlichen Wechsel der Dienststelle mußte er ein Disziplinarverfahren und die Suspendierung über sich ergehen lassen, ab seiner Übersiedlung nach Salzburg 1847 wurde er durch hohe öffentliche Ämter rehabilitiert.
Ignaz von Kürsinger: Der Groß-Venediger. Innsbruck 1843, S. 18–20.

D. H. Lawrence: 1885 – 1930. Der Sohn eines Bergmanns wählte den Beruf des Lehrers, wie seine Mutter. 1911 erschien sein erster Roman »Der weiße Pfau«, bekannt wurde er durch den Roman »Söhne und Liebhaber« (1913). Als sein Hauptwerk kann »Lady Chatterley's Lover« (1925–28) gelten, in dem er seiner Überzeugung, »der Glaube an das Blut« sei »weiser denn der Intellekt«, mit der Schilderung einer »unstandesgemäßen Beziehung« künstlerischen Ausdruck verlieh, in der Sexualität sah er die einzige noch verbliebene menschliche Urkraft. Lawrence war ein Gegner der Standesgesellschaft, er suchte fern seiner Heimat England auf ausgedehnten Reisen Freiheit.
D. H. Lawrence: Die Hauptmannspuppe. Erzählung. Zürich 1975, S. 228 u. S. 232–233. © Diogenes Verlag, Zürich

Der Mönch von Salzburg: Ende 14. Jh. Es konnte bis heute nicht geklärt werden, wer hinter dem Pseudonym »Mönch von Salzburg« steht (das noch dazu in dieser Version nur in etwa einem Zehntel der über hundert Handschriften steht). Man vermutete etwa den Prior des Stiftes St. Peter dahinter, viel spricht für die Autorenschaft Erzbischofs Pilgrim II. (um 1330–1396), vieles gegen einen tatsächlichen Mönch. Die Dichtung des Mönchs von Salzburg wurde lange für uninteressant und epigonal gehalten, mittlerweile ist ihre Singularität am Übergang zwischen noch höfischem Spätmittelalter und der Geisteswelt der Frührenaissance und ihr Einfluß auf die nachfolgende Lieddichtung anerkannt. Als Komponist – alle Lieder muß man sich gesungen vorstellen – führte der Mönch die Polyphonie und den Kanon im deutschen Sprachraum ein. 49 geistliche und 57 weltliche Lieder sind überliefert, das Repertoire reicht von Marienliedern bis zu Freß- und Saufliedern.

Der Mönch von Salzburg: ich bin du und du bist ich. Lieder des Mittelalters. Hg. v. Franz V. Spechtler. München 1980, S. 48–49.

Wolfgang Amadeus Mozart: 1756 (Salzburg) – 1791 (Wien). Der Sohn des Salzburger Hofkomponisten und Vizekapellmeisters Leopold Mozart erregte mit seiner Schwester Maria Anna als Wunderkind auf Reisen internationales Aufsehen. Salzburg versuchte wiederholt, den Komponisten zu binden, mit 13 Jahren wurde Mozart zum (unbesoldeten) Hofkonzertmeister ernannt. Die Aufenthalte in Salzburg waren jedoch meist nur kurz. Das heimatliche Salzburg mit dem ab 1771 absolutistisch regierenden Erzbischof Colloredo empfand Mozart zunehmend beengend, die Zahl der genehmigten Beurlaubungen des Hofbediensteten nahmen aber stetig ab. Nach der Kündigung 1777 und dem Tod der Mutter in Paris kehrte er 1779 wieder in die Dienste des Erzbischofs zurück. 1781 kam es zum endgültigen Bruch, Mozart ging nach Wien. 1783 kam er ein letztes Mal, für die Aufführung seiner c-Moll-Messe in St. Peter, nach Salzburg.
Wolfgang Amadeus Mozart: Briefe. Eine Auswahl. Hg. v. Horst Wandrey. Wilhelmshaven o.J., S. 219–220 u. S. 261–264.

Bernhard Paumgartner: 1887 (Wien) – 1971 (Salzburg). Niemand anderer hat die Musikszene der Stadt Salzburg – insbesondere strukturell – so nachhaltig beeinflußt wie Paumgartner. 1917 wurde er als Direktor des Musikkonservatoriums »Mozarteum« nach Salzburg berufen, er sicherte durch die Verstaatlichung dessen Fortbestand. 1920 war er Dirigent und Komponist bei der ersten »Jedermann«-Aufführung und schrieb in der Folge Bühnenmusiken für Max Reinhardt. Ende der zwanziger Jahre gründete er ein Mozart-Orchester, 1949 gründete er die Mozart-Martineen, 1951 das Ensemble »Camerata Academica«. Von 1960–1971 hatte er das Präsidentenamt der Salzburger Festspiele inne.
Bernhard Paumgartner: Der Mythos der Festspiele. In: Ders.: Erinnerungen. Salzburg 1969. © Residenz Verlag, Salzburg

Joseph Pürckhamber: Über den Chronisten der Entstehung der Wallfahrt nach Maria Kirchental und der Gebetserhörungen ist nur das bekannt, was man aus dem Buchtitel – der in seiner barocken Ausführlichkeit vollständig zitiert wird – erfährt: Pürckhamber war Pfarrvikar (»Pfarrer-Stellvertreter«) in St. Martin, dem Talort von Maria Kirchental, und verstarb vor der Drucklegung des unten genannten Werkes.
Joseph Pürckhamber: Neu entsprungen und trostreich flüssender Gnaden-Brunn Oder Warhaffte Beschreibung der Gnaden und Gutthaten welche der Allmächtige Gott durch die glorwürdigiste Himmels-Königin / auch barm-

herzigste Helfferin der Christen MARIA In dero Gnaden-Hauß im Kirchenthall nechst Lofer / Erz-Stüfft Saltzburg / und Decanats Salfelden gelegen. An unterschidlich betrenkt-presthaften / und ellenden Persohnen / mildreichist gewürcket hat. Vom ersten Jahr 1690 biß Ende 1729. Zusammen getragen von A.R.D. Josephen Pürckhamber gewesten Pfarrs-Vicario zu St. Martin und Nach desselben zeitlichen Ableben durch andere Geistliche continuiert von dem Wohl-Ehrwürdig- und Wohlgelehrten Herrn Martin Weißbacher Vicario zu Uettendorf in diese Form gebracht / und auf inständiges Anlangen der andächtigen Kirchfahrter in Druck gegeben. Salzburg 1730, passim.

Georg Rendl: 1903 (Zell am See) – 1972 (St. Georgen b. Oberndorf). Die Familie übersiedelte bald nach der Geburt Georgs nach Salzburg, wo er während seiner Schulzeit erste literarische Versuche unternahm und mit seinem Freund Josef Kaut an der an Trakl orientierten Zeitschrift »Der blaue Föhn« mitwirkte. Er verließ 1920 vorzeitig die Schule und mußte sich während der Inflationszeit als herumziehender Bettler und Gelegenheitsarbeiter durchschlagen. Von Stefan Zweig gefördert und von der Neuen Sachlichkeit beeinflußt, gelang ihm 1931 mit dem »Bienenroman« die erste Veröffentlichung, 1932 folgte der Arbeitslosenroman »Vor den Fenstern«, 1935 »Die Glasbläser von Bürmoos«. Von nun an bestimmte rege Schreibtätigkeit sein Leben, 1938 zog er sich, zunehmend in eine tiefe Religiosität versunken, in den nördlichen Flachgau zurück, wo er 1972, mit seinem traditionellen Schreiben längst »aus der Mode«, vereinsamt starb.
Georg Rendl: Die Glasbläser von Bürmoos. Salzburg 1995, S. 272–274. © Otto Müller Verlag, Salzburg

Georg Rigele: Geb. 1960. Historiker, lebt in Wien. Die Schwerpunkte seiner selbständigen wissenschaftlichen Arbeit ist Technik- und Kulturgeschichte, er arbeitete an unternehmensgeschichtlichen Ausstellungen mit. Neben dem fundierten Buch über die Großglockner-Hochalpenstraße publizierte er eine Arbeit zur ebenfalls in der Zwischenkriegszeit gebauten Wiener Höhenstraße.
Georg Rigele: Die Großglockner-Hochalpenstraße. Zur Geschichte eines österreichischen Monuments. Wien 1998, S. 313–314. © WUV-Universitätsverlag, Wien

Der Rotgüldensee: Im Lungau war es vor allem der Heimatforscher und Schriftsteller Michael Dengg (1879, Mauterndorf – 1974, ebd.), welcher sich um die Dokumentation regionaler Bräuche und um die Niederschrift Lungauer mündlicher Überlieferung verdient machte. Mit seinen beiden Samm-

lungen »Lungauer Volksleben« und »Lungauer Volkssagen« legte Dengg, der im Brotberuf ein gesuchter Backofenbauer war, wichtiges volkskundliches Quellenmaterial vor.
Der Rotgüldensee. In: Lungauer Volkssagen. Hrsg. v. M. Dengg, neu bearb. v. J. Brettenthaler. Salzburg 1957, S. 233–235.

Franz Schubert: 1797 (Wien) – 1828 (ebd.). Erst mit 24 Jahren konnte sich Schubert gänzlich dem Komponieren widmen, sein Auskommen war jedoch niemals abgesichert. In seinem kurzen Leben gelang es ihm, die klassische Formenwelt mit genuinem, romantischem Ausdruck zu füllen, besonders in der Klavier- und Liedliteratur setzte er seine Akzente. Die Reise nach Bad Gastein sollte dem angegriffenen Gemüt des Sensiblen zur Erholung dienen. In Salzburg vergoß er am Grab Michael Haydns Tränen, insgesamt jedoch dürfte die Reise erhol- und arbeitsam gewesen sein. Die Nachricht einer »Gmundner-Gasteiner« Symphonie, chronologisch zwischen der »Unvollendeten« und der C-Dur - Symphonie einzuordnen, stammt aus der Korrespondenz von Schubert-Freunden, sie wurde auch in das Deutsch-Verzeichnis aufgenommen. Die neuere Forschung (z. B. Lindmayr-Brandl) nimmt an, daß Schubert 1825 bereits an der »Großen« C-Dur - Symphonie D 944 arbeitete, die »Gasteiner Symphonie« also ein Teil derselben ist.
Franz Schubert: Brief an Ferdinand Schubert. In: Petrus Eder, Ernst Hintermaier (Hg.): Franz Schuberts Reise im Sommer 1825 nach Salzburg und Badgastein. Ausstellungskatalog. Salzburg 1997, S. 10.

Georg Trakl: 1887 (Salzburg) – 1914 (Krakau). Den Großteil seines kurzen Lebens verbrachte Trakl in seiner Geburtsstadt. Nachdem er das Gymnasium abbrach, begann er eine Apothekerlehre. 1906 wurden zwei seiner Stücke im Salzburger Stadttheater aufgeführt, bald wandte er sich jedoch der Lyrik zu. 1908 verließ er Salzburg, um in Wien Pharmazie zu studieren. Obwohl er als einer der schärfsten Salzburg-Kritiker gilt, sind aus seinen »Salzburger Gedichten« durchaus positive Töne herauszulesen (z. B. in »Die schöne Stadt«). 1914 starb er – nach jahrelangen Drogenproblemen – in einem Krakauer Garnisonsspital an einer Überdosis Kokain. Mit seinen kompromißlos eigenwilligen, frühexpressionistischen, zugleich dem Symbolismus nahestehenden Gedichten übte er auf nachkommende Dichter großen Einfluß aus.
Georg Trakl: St.-Peters-Friedhof. In: Dichtungen und Briefe. Salzburg 1987, S. 179.

Karl Heinrich Waggerl: 1897 (Bad Gastein) – 1973 (Wagrain). Nach ärmlicher Jugend besuchte er in Salzburg die Realschule, nach dem Ersten Weltkrieg arbeitete er als Volksschullehrer in Wagrain, 1923 wurde er krank-

heitsbedingt frühpensioniert und widmete sich dem Schreiben, Fotografieren und der Förderung des örtlichen Fremdenverkehrs. 1930 erschien im Insel-Verlag sein von Knut Hamsun beeinflußter Roman »Brot«, der zum Erfolg wurde. 1934 erhielt er den vom Ständestaat neu geschaffenen »Großen Österreichischen Staatspreis«. Der vom Kriegsdienst befreite Waggerl drängte sich zwar während der Nazizeit ideologisch nicht in den Vordergrund, war aber mit verschiedenen Funktionen aktiv in das System eingebunden (so war er etwa Mitglied des NS-Lehrerbundes, der im April 1938 die einzige bekannte öffentliche Bücherverbrennung Österreichs auf dem Salzburger Residenzplatz veranstaltete). Nach 1945 reüssierte er, unter anderem durch seine Teilnahme beim berühmten Salzburger Adventsingen, als »liebenswürdiger, fabulierfreudiger Meister der kleinen Form« (Wilpert).
Karl Heinrich Waggerl: Wagrainer Geschichtenbuch. Salzburg 1950, S. 26–27. © Otto Müller Verlag, Salzburg

Franz Karl Weidmann: 1787 (Wien) – 1867 (ebd.). Weidmann entstammte einer Schauspieler- und Dramatikerfamilie und versuchte sich anfangs ebenfalls als Schauspieler am Wiener Hoftheater und schrieb zahlreiche Stücke, er wechselte aber ab 1811 zur Theaterkritik. Weidmann dürfte auch so etwas wie ein Gesellschaftsreporter gewesen sein, man bezeichnete ihn einmal als »zuverlässigsten Chronisten Wiens«, mit seiner manchmal ausufernden Fabulierlust machte er sich allerdings nicht nur Freunde. Sommers war er als eifriger Wanderer durch Österreich häufiger Begleiter des legendären Erzherzogs Johann. Seine Fußreisen faßte er in vielen topographischen Schriften zusammen.
Franz Karl Weidmann: Touristen-Handbuch auf Ausflügen und Wanderungen in Salzburg und den Hochthälern Pongau's, Lungau's und Pinzgau's. Wien 1845, S. 164–165.

O. P. Zier: Geb. 1954. Aufgewachsen im kleinen Industrieort Lend, lebt Zier als freier Schriftsteller in St. Johann/Pongau und Eschenau/Pinzgau. Neben seinen beiden erfolgreichen Romanen »Schonzeit« (1996) und »Himmelfahrt« (1998) umfaßt sein Werk zahlreiche Arbeiten für Hörfunk und Fernsehen. In konventioneller, aber kompakter und spannender Schreibweise liefert er wichtige Beiträge zu einer Regionalgeschichte, zur Geschichte der »kleinen Leute«, er hält die Erinnerung an die Nazizeit wach. Die beiden Romane sind in der engeren Heimat Ziers situiert – große Literatur spielt meist im kleinen.
O. P. Zier: Himmelfahrt. Roman. Salzburg 1998, S. 214–216. © Otto Müller Verlag, Salzburg

Carl Zuckmayer: 1896 (Nackenheim am Rhein) – 1977 (Visp/Wallis). Nach dem überraschenden Erfolg seines Theaterstückes »Der fröhliche Weinberg« 1925 kam Zuckmayer 1926 einem Vorschlag des Dramatikers Richard Billinger spontan nach, der bei einem Besuch auf der Ostseeinsel Hiddensee Zuckmayer von einem romantischen, verfallenen Haus im Salzburgischen schwärmte, und kaufte die »Wiesmühle« in Henndorf. Vorerst als Refugium der Familie zwischen den vielen berufsbedingten Reisen vorgesehen, diente das Haus nach dem deutschlandweiten Aufführungsverbot 1933 als ständiger Wohnsitz. 1938 mußte Zuckmayer fliehen, nach dem Krieg ließ er sich in Saas-Fee in der Schweiz nieder. Mehrere Werke beziehen sich auf Henndorf: neben dem großen Erinnerungsbuch »Der Seelenbräu« (1945) und »Henndorfer Pastorale« (1972).
Carl Zuckmayer: Als wär's ein Stück von mir. Horen der Freundschaft. Frankfurt a. M. 1969, S. 11 © S. Fischer, Frankfurt a. M.

Stefan Zweig: 1881 (Wien) – 1942 (Petropolis). Der Sohn eines Industriellen konnte sich das Leben eines durch alle Weltteile reisenden Kosmopoliten leisten, ab 1934 waren die Reisen allerdings erzwungene. Der Pazifist nahm sich 1942 in der brasilianischen Emigration das Leben. Die Ergebnisse seiner literarischen Vielseitigkeit (»von geringer künstlerischer Originalität, aber großer Formglätte«, Wilpert) mögen nicht jeden überzeugen, die Integrität, Hilfsbereitschaft und Gastfreundschaft der Person Stefan Zweigs stehen außer Zweifel. So waren viele renommierte Künstler während der »Salzburger Zeit« (1919–1934) in dem »Trompeterschlößchen« zu Gast, aber er legte keinen Wert auf »große Namen« und förderte ebenso Unbekanntere, von deren künstlerischer Bedeutung er überzeugt war (wie z. B. Georg Rendl), so gut es ging.
Stefan Zweig: Die Welt von Gestern. Erinnerungen eines Europäers. Frankfurt a. M. 1984, S. 329–330. © 1944 Bermann-Fischer Verlag A. B., Stockholm

Adressen und Hinweise

Salzburg-Stadt

Stefan Zweig:
Stefan Zweig lebte mit Unterbrechungen in den Jahren 1919 bis 1934 im Paschinger Schlössl auf dem Kapuzinerberg. Es ist von der Linzer Gasse aus über den Stefan-Zweig-Weg erreichbar. Das Haus befindet sich im Privatbesitz und ist nicht zu besichtigen.
An der Mauer des Kapuzinerklosters, gegenüber der Zweig-Villa, ist eine Bronzebüste und eine Gedenktafel des Schriftstellers angebracht.

Georg-Trakl-Forschungs- und Gedenkstätte
Waagplatz 1a, Tel. 0662/84 52 89, Fax 0662/84 26 65 (Dia-Tonbildschau)
Briefe und Dokumente aus dem Leben des Dichters.
Führungen:
Montag–Freitag 11.00 und 14.00 Uhr

Mozarts Geburtshaus
Getreidegasse 9, Tel. 0662/84 43 13, Fax 0662/84 06 93
In diesem Haus wurde W.A. Mozart am 27.1.1756 geboren. Wohnung der Familie Mozart mit Dokumenten und Bildern sowie Instrumente von W.A. Mozart.
Besichtigungszeiten:
täglich 9.00–18.00 Uhr (letzter Einlaß 17.30 Uhr)
Juli, August: täglich 9.00–19.00 Uhr (letzter Einlaß 18.30 Uhr)
Führungen: nach Vereinbarung

Hellbrunn
Tel. 0662/82 03 72, Fax 0662/82 03 72–49 31
E-Mail: SCHLOSS HELLBRUNN@stadt-salzburg.at
http://www.hellbrunn.or.at/hellbrunn
Manieristisch-frühbarockes Lustschloß mit Wasserspielen.
Führungen (ab 5 Personen):
April: 9.00–16.30 Uhr
Mai–September: 9.00 –17.30 Uhr, Oktober: 9.00–16.30 Uhr
Abendführungen: Juli und August: 18.00, 19.00, 20.00, 21.00 und 22.00 Uhr
Freie Besichtigung von Park und Orangerie

Literaturhaus Salzburg
Strubergasse 23, A-5020 Salzburg, Tel. 0662/43 95 88, Fax 0662/42 24 11-13, E-Mail: bibliothek@literaturhaus-salzburg.at
http://www.literaturhaus-salzburg.at
Öffnungszeiten: Di 9.00–14.00 Uhr, Do 14.00–19.30 Uhr

Fremdenverkehrsbetriebe der Stadt Salzburg: Tel. 0662/88987200, Fax. 0662/8898732, E-Mail: tourist@salzburginfo.at, http://www.salzburginfo.at

Vor dem Hochgebirge

Henndorf
Haus Wiesmühl: Wohnhaus Carl Zuckmayers, Privatbesitz, Führungen ab 6 Personen nach Vereinbarung, Tel. 06214/6011
Gasthof Bräu: Hauptstr. 61, Tel. 06214/8228, Besichtigung des Geisterzimmers gegen Voranmeldung

Oberndorf
Museum Bruckmannhaus: u.a. Stille-Nacht Gedenkstätte und Salzach-Schiffahrt, A-5110 Oberndorf, Tel. 06272-4422-0, Öffnungszeiten: tägl. 9.00–12.00 u. 13.00–17.00 Uhr

Hallein
Schaubergwerk Dürrnberg: Besichtigung/Führung: 1.4.–31.10 tägl. 9.00–17.00 Uhr, 1.11–31.3 tägl. 11.00–15.00 Uhr, Tel. 06245/85285–15 oder 82121
Keltenmuseum Hallein: 24 Schauräume im ehemaligen Salinen-Verwaltungsgebäude, Besichtigung: 26.3.–31.10. tägl. 9.00–17.00 Uhr; Tel. 06245/80783 oder 842888

Im Gebirge

Wagrain
Karl-Heinrich-Waggerl-Haus
Besichtigung: 25.5.–30.6. u. 1.9.–26.10. Dienstag, Donnerstag u. Freitag, 1.7.–31.8. Dienstag bis Samstag jeweils 14.00–18.00 Uhr, 22.12.–20.4. Dienstag, Donnerstag u. Freitag 14.00–18.00 Uhr.
Tourismusverband Tel.06431/8265

Großglockner-Hochalpenstraße

Großglockner-Hochalpenstraßen AG, 0662-873673-0

Wintersperre von Mitte November bis Anfang Mai. Nachtsperre 22.00–5.00 Uhr.

Glocknerbus: Postbusverkehr Salzburg – Zell am See – Franz-Josefs-Höhe – Heiligenblut – Lienz/Osttirol.

Rauris

Die Rauriser Literaturtage finden jährlich an vier Tagen Ende März statt, der Rauriser Literaturpreis wird von einer Jury an die beste Erstveröffentlichung im deutschen Sprachraum vergeben. Die programmverantwortliche Leiterin ist die Salzburger Schriftstellerin, Germanistin und Literaturkritikerin Brita Steinwendtner. Kulturverein Rauris, Postfach 25, A-5661 Rauris, Tourismusverband Tel.: 06544/6237

Zentrale Informationsstelle für das Salzburger Land

Salzburger Land Tourismus GmbH, Tel. 0662/6688, Fax 0662/668866

e-mail: Info@szgtour.co.at, http://www.sagma.co.at/guide

Die Deutsche Bibliothek – CIP-Einheitsaufnahme

Wegen der Gegend – Salzburg / hrsg. von Barbara Higgs und Wolfgang Straub. Fotos von Paul Albert Leitner und Jo Pesendorfer. – Frankfurt am Main: Eichborn, 1999
(Wegen der Gegend)
ISBN 3-8218-0536-6

Umschlaggestaltung: Christina Hucke
unter Verwendung eines Fotos von Jo Pesendorfer
Karte: © Schubert + Franzke, St. Pölten 1999
Lektorat: Georg Simader
Satz: Fuldaer Verlagsanstalt GmbH, Fulda
Druck und Bindung: Wiener Verlag, Himberg
ISBN 3-8218-0536-6

Verlagsverzeichnis schickt gern:
Eichborn Verlag, Kaiserstraße 66, D-60329 Frankfurt am Main
http://www.eichborn.de

DEUTSCHLAND
Bürmoos
Arnsdf.
Großgmain
Heutal
Unken
558
312
Saalach
Lofer
St. Martin
b. Lofer
Ma. Kirchenthal
Weißbach
Steinernes Meer
311
Leoganger
Tirol
Hütten
Leogang
Maria Alm
a. St. Meer
Saalbach
Dienten
am Hochkönig
Saalach
Viehhofen
Kitzbüheler Alpen
Hinterglemm
Maishofen
2117
Hundstein
Schmittenhöhe
1965
Thumersbach
Zeller See
Piesendorf
Zell am See
Wildkogel
2225
Mühlbach
Stuhlfelden
Uttendorf
168
311
Bramberg
a. Wildkg.
165
Mittersill
Königsleiten
Hollersbach
i. Pinzgau
Niedernsill
Bruck
a.d. Glocknerstraße
Kaprun
Wald i.P.
Habach
Krimml
Gerlosstraße
Krimmler Achental
Obersulzbach
Habach
Kapruner Ache
Fuscher Ache
Rauriser Ache
Wörth
3203
Kitzsteinhorn
Gr. Wiesbachhn.
3564
Ferleiten
Stausee Mooserboden
2577
Edelweißspitze
Bucheben
Weißsee
Großvenediger
3674
Hochtor
2504
Großglockner
3798
Großglockner Hochalpenstraße
Sonnbli
3105
Osttirol